Degriesch 1

Hans-Josef Fritschi

Degriesch

Die Reise zur Quelle der Weisheit

1

Bibliografische Information der Deutschen Nationalbibliothek: Die Deutsche Nationalbibliothek verzeichnet diese Publikation in der Deutschen Nationalbibliografie. Detaillierte bibliografische Daten sind im Internet unter http://dnb.d-nb.de abrufbar.

Impressum:
© 2026 Hans-Josef Fritschi
Illustrationen: Hans-Josef Fritschi unter Verwendung von Vorlagen von pixabay.de
Cover: Hans-Josef Fritschi unter Verwendung eines Bildes von Brian Woolman, istockphoto.com
Verlag: BoD · Books on Demand GmbH, Überseering 33, 22297 Hamburg, bod@bod.de
Druck: Libri Plureos GmbH, Friedensallee 273, 22763 Hamburg
ISBN: 978-3-7693-24-19-8

Mit Oma Luise, die bis zu ihrem Tod davon
sprach, wie ihr im Degrieschenwald
,,das Elsele" begegnet ist.

Inhalt

Wohin des Weges?

Das Leben ist anstrengend. Wir sehnen uns nach Ruhe, Glück und Zufriedenheit, doch sind diese oft nur Eintagsfliegen. Meist empfinden wir uns in einem Schwarm von lästigen Mücken gefangen. So wird es nicht selten ein Kampf, dieses Leben. Ein Kampf mit sich selbst, den anderen, ja mit Gott und der Welt. Manche sehen ihr Dasein wie das ruhelose Laufen eines Hamsters in seinem Rad: Ständig in Bewegung, aber nie vom Fleck kommend. Und sie erschrecken, wenn sie erkennen, dass es doch unabwendbar vorangeht. Jede Sekunde bringt uns einen Schritt näher zum sicheren Ende. Je näher das Ziel rückt (und wie nah es schon ist, weiß keiner), desto unruhiger werden wir. So betrachtet ist Depressivität keine Krankheit, sondern ein fast schon natürlicher Zustand eines Menschen, der sich auf dem Weg befindend erkennt, jedoch Probleme damit hat, Sinn und Ziel seiner Lebensreise zu erfassen.

Dies haben Menschen schon zu allen Zeiten erfahren müssen. Jene Zeit aber, in der wir heute leben, ist besonders. Man spricht von Zeitenwende, von einem epochalen Umschwung, bisweilen auch vom drohenden Zusammenbruch – vielleicht sogar von der Apokalypse. So etwas gab es früher auch, heute aber ist die menschliche Gesellschaft weltweit und der gesamte Planet Erde von einem möglichen Kollaps bedroht. Das macht Angst. Wir haben berechtigte Sorgen um den Weltfrieden im Großen und unseren hart erarbeiteten Wohlstand im Kleinen.

So wichtig und berechtigt diese Fragen sind, sie drehen sich ausschließlich um das Äußere, in dem wir unser Leben zu führen haben. Was aber ist mit dem Herzensfrieden in uns und dem Wohlstand unserer Seele? Sind diese unweigerlich mit dem Äußeren verbunden, sodass die Seele immer auch leiden muss, wenn die Lebensumstände, mit denen wir es zu tun haben, schlecht, ja unheilschwanger sind? Wie soll man mit all den Bedrohungen im Nacken ein Leben in innerer und äußerer Zufriedenheit, Glück und Sinnhaftigkeit führen können? Wir alle bräuchten hierzu ein übergroßes Maß an Resilienz. Und wir müssten unser Leben in Achtsamkeit führen.

In dem zeitlosen Märchen, das hier erzählt wird, geht es genau darum – auch wenn nie von Resilienz, sondern immer von Weisheit die Rede ist. Die beschriebene Weisheit ist aber keine abgehobene, die sich der Erkenntnis tiefer Geheimnisse rühmt. Es geht um Alltägliches, aber für die innere Ruhe und die Achtsamkeit nicht minder Wichtiges.

Die Erzählung hat ihre Grundlage in einer alten Sage, die man sich im Schwarzwald erzählt hat.[*] Es ist die Geschichte des „Degrieschen-Elseles", einer wundersamen Frau, die einst im Wald gehaust habe, so die Erzählung. Der Wald trägt den Namen „Deggenreuschen", im Volksmund „Degrieschen". Seit 1941 ist er Naturschutzgebiet mit einem reichen Orchideenbestand. Dort wächst auch der Gelbe Frauenschuh (Cypripedium calceolus).

Der Sage nach soll „das Elsele" den Großen und Wohlhabenden manchen Schabernack gespielt haben, Kindern und Armen gegenüber aber sei es stets hilfreich gewesen. Viel mehr sagt die Sage nicht aus. Da ich selbst vor vielen Jahren öfter in diesem Wald war, habe ich zu der Sage eine märchenhafte Geschichte geschrieben. Kürzlich ist sie mir wieder in die Hände gefallen und ich denke, nun ist gerade die richtige Zeit, sie unter die Leute zu bringen.

In der Geschichte lädt ein namenloser Wanderer dazu ein, seinen Erlebnissen auf einer eigentümlichen Wanderung zuzuhören. Was er berichtet, klingt fantastisch. Und nicht nur das: Sie wirkt auf den ersten Blick befremdlich. Spricht sie doch davon, dass der, welcher im Kreis geht, nicht unbedingt ein bedauernswerter Narr sein muss. Da nicht wenige von uns sich heute in einem Kreis laufend wahrnehmen und einen Aus- und Aufbruch ersehnen, dürften viele dem Erzählten neugierig folgen. Leute wie du und ich: Traurig-Lachende. Ängstlich-Mutige. Und Zweifelnd-Hoffende.

Hans-Josef Fritschi,
im Advent 2024

[*] Wilhelm Straub: Sagen des Schwarzwaldes, Bühl/Baden, 1957

Was für eine Geschichte

Es kostete mich einige Anstrengung, all diese Zeilen zusammenzustellen. Der Geist war willig, doch das Fleisch war schwach. Manchmal überkam mich der zweifelnde Gedanke, meine Erlebnisse mit Elsa seien gar nicht so einzigartig, wie sie mir stets vorkamen. Gibt es doch oft die irrige Vorstellung, etwas sei für die Allgemeinheit höchst interessant und bedeutungsvoll, dann aber nimmt jene Allgemeinheit erschreckend wenig Notiz von alledem.

So werden wohl viele Menschen im Laufe ihres Lebens die bittere Erfahrung gemacht haben, dass das, was sie zutiefst bewegt, andere unberührt lässt. Oft sind es dann jene anderen, die Schuld daran haben, dass man nicht gehört wird; man hält sie für verstockt und glaubt, sie hätten für die wesentlichen Dinge des Lebens kein Interesse. Mag sein, dass es mir mit dieser Erzählung ebenso ergeht.

Ich weiß nicht, ob euch, liebe Leserinnen und Leser, diese Erlebnisse viel sagen werden. Vielleicht empfindet ihr sie als schwer verständlich, zu fantastisch und märchenhaft. Möglicherweise lest ihr über das von mir so mühsam Aufgeschriebene leicht hinweg und nichts davon berührt euch. Ich aber habe die Hoffnung, dass es einige Menschen gibt, die bei all den berichteten Erlebnissen innerlich berührt werden, genauso wie ich damals. Es mag genügen, wenn diese wenigen meine Begegnung mit Elsa zum Nachdenken bringt. Meine Sicht auf das Leben wurde durch das, was mir Elsa zeigte, grundlegend verwandelt. Vielleicht kommt etwas von dieser verwandelnden Kraft durch die Zeilen hinüber zu euch.

Nein, Elsa gab mir nicht den Auftrag, von meinen Erlebnissen mit ihr zu erzählen und diesen Bericht zu verfassen. Vielmehr verspüre ich das Bedürfnis, nach all dem, was ich mit ihr durchlebt habe, jenen, die es interessiert, davon mitzuteilen. So machte ich mich eines Tages daran – die Begegnung mit Elsa war schon Jahre her – die wundersamen Dinge aufzuschreiben, die mich damals so ergriffen hatten. Ihr mögt einwenden, nach so langer Zeit könne man sich wohl schwerlich an alle Einzelheiten erinnern, und man nehme dann allzu leicht das Hilfsmittel der Fantasie zur Hand, nur um alles auch ja nach dem Geschmack der Leute auszuschmücken. Ich glaube aber nicht, dass ich dieses Instrumentes bedurfte. Wenn ich heute an all das, was war, zurückdenke, so ist es mir, als wäre es hier und heute geschehen.

Nichts von alledem, was ihr nun lesen werdet, ist zusammengereimt, um euch ein fantastisches Märchen vorzusetzen, das ihr zwar interessiert lest, aber nach den letzten Zeilen zur Seite legt und alles wieder vergesst. Ich komme von dem Gedanken nicht los, dass hinter allem eine Botschaft steckt, die nicht nur für mich, sondern vielleicht auch für euch wichtig ist. Welcher Art diese Botschaft ist, fragt ihr? Nun, das ist schwerlich in Worte zu fassen. Die Botschaft mag für euch anders aussehen als für mich. Ihr werdet sie aber nicht verstehen, wenn ihr die Geschichte nur mit den Augen des Kopfes lest. Ihr müsst die Zeilen schon mit euren Herzen lesen, dem Erzählten mit dem Seelenohr lauschen. Wie man das macht? Das ist nicht leicht zu erklären. Beginnt einfach zu lesen ...

Die Begegnung

Ich kann nicht behaupten, dass ich Elsa auf eine eigenartige, vielleicht gar mysteriöse Art und Weise kennengelernt hätte. Nein, es war eine ganz normale Begegnung, wie sie zwischen zwei Menschen nun einmal vor sich geht. Auch kam sie mir auf den ersten Blick gar nicht außergewöhnlich vor, diese Frau mit den grau melierten Haaren und dem leicht faltigen Gesicht. Nur wunderte es mich, an diesem Ort jemanden zu treffen.

Auf meiner Wanderung durch die hoch gelegene, weite Landschaft war mir in den Wäldern bisher kaum jemand begegnet. Ich sah sie auf dem langgestreckten Waldweg schon von weitem, wie sie sich an einem Strauch zu schaffen machte. Neben sich hatte sie zwei geflochtene Körbe stehen, in die sie etwas hineinlegte. Da ist wohl jemand am

Beerensammeln, dachte ich, als ich näher kam. So war es auch. Die Frau sammelte Hagebutten.

Es war ein ziemlich warmer Oktobertag und die richtige Zeit, diese Wildfrüchte zu ernten. Als ich die kleine Frau am Wegrand erreicht hatte, grüßte ich im Gehen freundlich. Irgendetwas in mir drängte mich jedoch, stehenzubleiben und mit der Frau ein kleines Gespräch zu beginnen. Ich muss wohl etwas über die Hagebutten gesagt haben, vielleicht auch über die Hagebuttenmarmelade, die ich von meiner Großmutter noch kannte. Wie ich das Gespräch begann, weiß ich schon gar nicht mehr. Es ist schließlich auch ohne Belang. Jedenfalls kamen wir ziemlich schnell in eine angeregte Unterhaltung.

Das Erste, was diese Frau zu mir sagte, war: „Sie sind fremd hier in der Gegend, nicht wahr?" Da hatte sie recht. Zeit meines Lebens war ich ein begeisterter Wanderer. Oft unternahm ich tage-, ja wochenlange Wanderreisen und lernte viele mir zuvor unbekannte Landschaften kennen. So war es auch dieses Mal, als ich von den alten, waldbedeckten Bergen hinab zum großen, langgestreckten See wandern wollte und dabei diese Hochebene durchqueren musste. Ich erzählte ihr von meiner Wanderleidenschaft und von den unzähligen Touren, die ich schon gemacht hatte. Sie lauschte interessiert, ohne jedoch ihre Arbeit an der Heckenrose zu unterbrechen.

„Das Reisen ist eine schöne Sache", sagte sie, „man kann so viel erleben und, wenn man will, auch sehr viel lernen." Ohne nachzudenken, redete ich weiter und schwärmte ihr vor von den rauen Meeresküsten, den kargen Schluchten und den sonnigen Bergwiesen, die ich auf meinen Wanderungen hatte sehen dürfen. Irgendwann begann die kleine Frau auch von sich zu erzählen. Sie sprach von ihrer Liebe zu den Pflanzen des Waldes, zu den Sträuchern und Bäumen, und wie hilfreich diese sein könnten, wenn man nur wüsste, sie recht zu gebrauchen. Als ich sie dabei so hurtig die reifen Hagebutten vom Strauch abzupfen sah, kam sie mir wie ein altes Kräuterweiblein vor. Die Haare hatte die Frau hinten zu einem Knoten zusammengebunden. Sie trug ein wollenes Jäckchen und hatte sich einen bunt karierten Schurz umgebunden.

„Weißt du, Wanderer, ich reise viel in meinem Wald." Dieser Satz klingt mir noch heute in den Ohren, wie sie das so ganz selbstverständlich mit ihrer hohen und freundlichen Stimme dahinsagte – und dabei zum vertraulichen Du wechselte. Er hatte mich einigermaßen verblüfft: Sie reiste also viel in diesem Wald ...

Nun, liebe Leserinnen, liebe Leser, urteilt selbst: War dies nicht eine recht außergewöhnliche Mitteilung, die mir die Frau da machte? Oder könnt ihr euch vorstellen, wie man im Wald reist? Gut, man kann einen Wald durchwandern, so wie ich es gerade tun wollte, aber in einem Wald eine

Reise unternehmen? Dieser Gedanke wird euch ebenso seltsam vorkommen, wie er mir damals vorgekommen war.

Ich konnte eigentlich gar keine rechte Antwort hierauf geben. Vielleicht habe ich „Soso" gesagt oder „Sieh an", oder sonst etwas Belangloses, das die Unsicherheit vertuschen sollte. Ich weiß es nicht mehr. Jedenfalls begann die Frau nun, von merkwürdigen Dingen zu erzählen.

Der wundersame Wald

„Ja, wundere dich nur, Wanderer", sagte sie, als ob sie meine Gedanken gelesen hätte, „in dem Wald, in dem du stehst, kann man tatsächlich wundersame Reisen unternehmen." Unaufhörlich rupfte sie die gelbroten Hagebutten von den Zweigen. Ohne mich anzuschauen, fuhr sie fort: „Im Volksmund nennt man diesen Wald Degrieschen. Was der Name bedeutet, weiß ich nicht, aber wer eine Reise durch ihn gemacht hat, der darf sich ein Degriesch nennen. Ich bin ein Degriesch, lieber Wanderer, und jeder Mensch kann ein solcher werden, wenn er den Degrieschenwald durchreist hat. Auch du."

Bei diesen Worten sah sie mich intensiv, fast durchdringend mit ihren großen Augen an. Ich glaube, es war das erste Mal, dass ich ihren Blick bewusst wahrnahm. Die Frau war zwar klein von Gestalt und sah schon ziemlich alt aus, aber ihre Augen versprühten eine ungewöhnliche Jugendlichkeit und Frische, wie ich sie selten bei einem jüngeren Menschen gesehen hatte. Die Augen funkelten in einem tiefen Blau, und der Blick schien fast durch mich hindurchzugehen.

Da wurde mir bewusst, dass diese Frau wohl kein gewöhnlicher Mensch war. Ich dachte zuerst, sie sei ein wenig verschroben, vielleicht auch ein bisschen verrückt, aber ihre Augen sagten etwas anderes. Zwar kann ich nicht beschreiben, was in mir vorging, aber dieser klare Blick zog mich in seinen Bann. Und so lauschte ich fasziniert dem, was das Fraulein zu erzählen hatte.

Ich erfuhr, dass dieser Wald etwa zwölfhundert Schritte lang und achthundert Schritte breit war. Dennoch könne man tagelang durch ihn hindurchwandern und vieles erleben, meinte die Frau. Am westlichen Waldrand verlaufe ein breiter, viel benutzter Weg. Wenn man auf ihm nach Süden gehe, komme man zu den alten Bergen. Da war ich hergekommen. Gehe man in nördliche Richtung, stoße man bald auf den großen Fluss, der aber noch ein schmales Bächlein sei, weil er unweit von hier entspringe. In weniger als einer Stunde erreiche man ein altes Städtchen mit einem grün bedachten Kirchturm. In früheren Zeiten seien hier römische Legionäre stationiert gewesen, und die Frau berichtete von den Ruinen eines alten römischen Gutshofes, der einst am südöstlichen Rand dieses Waldes stand.

„Ja, der Degrieschenwald hütet so manches Geheimnis", sagte sie. „Man kann diese Geheimnisse lüften, wenn man sich entschließt, eine Reise durch ihn zu machen." Welcher Art diese Geheimnisse seien, fragte ich nach, von den Worten der Frau neugierig gemacht. „Sehr verschiedener Art", meinte sie daraufhin. „Das größte Geheimnis ist wohl die verborgene Quelle der Weisheit, die sich tief drinnen im Wald befindet. Sie ist das Ziel der Reise, die man durch den Degrieschenwald machen kann."

Ihr habt recht, liebe Leserinnen und Leser, spätestens jetzt beginnt die Begebenheit, sich wie ein Märchen anzuhören. Und tatsächlich fragte ich mich, als ich das alles hörte, ob ich nun wohl träume. Aber es war alles wirklich, was ich da an Seltsamem vernahm und später auch erleben sollte. Mir kamen aber plötzlich beklemmende Gedanken in den Sinn wie jener, einer Kräuterhexe oder einem Waldgeist begegnet zu sein. Schon verspürte ich den Drang, einfach weiterzugehen, dem nahen Waldrand zu und auf dem Weg in schnellen Schritten ins besagte Städtchen zu flüchten. Aber irgendetwas hinderte mich daran, und dann sagte die Frau doch plötzlich:

„Ja, ja, man kann es schon mit der Angst bekommen, wenn man so unverhofft in diesen Wald kommt und die Möglichkeit vor sich sieht, auf die Reise zur Quelle der Weisheit zu gehen. Viele laufen aufgeschreckt davon und kommen nie wieder. Andere aber haben von diesem Wald und der Quelle gehört und sind aus allen Teilen des Landes aufgebrochen, um hier herzukommen. Wenn sie dann da sind, stürmen sie in den Wald hinein und meinen, die Quelle im Galoppschritt finden zu können, um aus ihr zu trinken. Sie finden sie aber nicht und gehen enttäuscht wieder weg. So oder so – ich habe alles schon unzählige Male erlebt."

Und wieder stellte sich mir die beängstigende Frage, ob es wirklich ein Mensch aus Fleisch und Blut war, der da vor mir stand, Hagebutten sammelte und dabei so wunderliche Dinge erzählte. Ja, Elsa war wirklich ein richtiger Mensch, das weiß ich heute. Später, als ich nach dieser Begegnung ins nahe Städtchen aufbrach, dort ein paar Tage rastete und mit den Leuten sprach, erfuhr ich, dass man die merkwürdige Alte hier durchaus kannte. Die seltsamsten Geschichten kursierten im Ort.

Wir sind auf dieser Welt, um immer wieder Fragen zu stellen. Fragen um Fragen. Denn diese Welt ist voller Geheimnisse.

Ein Waldgeist spukt

Für die Menschen in der kleinen Stadt war besagte Frau nichts anderes als ein Waldgeist. Oder aber eine Hexe. Sie erschien den Waldarbeitern, Bauern oder Wandersleuten, um sie zu necken oder zu schrecken. Manche aber sagten, dass sie durchaus auch mitleidig und hilfsbereit sein konnte. Ein alter Hutmacher erzählte mir im Gasthaus bei einem Glas Bier, das Weiblein habe einst in den erbärmlichen Zeiten nach dem Dreißigjährigen Krieg im Degrieschenwald gelebt und gehe seit ihrem Tod nun als Geist um.

In jenen Tagen sei es nichts Außergewöhnliches gewesen, dass Leute, ja selbst ganze Familien, in Wäldern lebten. Sie hätten in den Wirrnissen des Krieges Hab und Gut und Heimat verloren. Da sie in keiner Gemeinde Heimatrecht hatten, hausten sie in den Wäldern. So sei es auch mit dieser alten Frau gewesen. Niemand wusste, woher sie stammte, sagte der Hutmacher und erzählte mir mancherlei Geschichten über sie, die er einst von seiner Großmutter hörte.

Das Weiblein soll im Degrieschenwald an einer einsamen, schwer zugänglichen Stelle mitten unter den finsteren Tannen in einer ärmlichen Hütte gehaust haben. Während des Sommers sammelte es Kräuter, die es dann an die

Doktoren und Apotheker in der Umgebung verkaufte. Da sah man die eigenartige Frau dann für kurze Zeit innerhalb der Mauern der Stadt. Nur bei grimmigstem Winterwetter kam die Alte in das Städtchen, um nach Obdach und Nahrung zu betteln. Die Leute aber hätten ihr aus freien Stücken nichts angeboten. Man hatte vielmehr Angst vor ihr, weil man glaubte, da sie im Wald lebe, würde sie so manchen Zauber kennen und mit ihm hantieren. Daher wagten es die Menschen auch nicht, sie abzuweisen, wenn sie bettelnd in den Türen stand und die knorrige Hand ausstreckte. Niemand kam auf den Gedanken, ihr im Städtchen Wohnrecht zu geben. Man war froh, wenn sie einem nicht über den Weg lief. So soll das viele Jahre lang gegangen sein, bis die alte Frau plötzlich ausblieb und selbst beim furchterregendsten Unwetter nicht mehr Schutz in den alten Mauern suchte. Die Leute glaubten, sie sei wohl gestorben und jedermann war froh, sie los zu sein. Schon bald aber hieß es, die Alte gehe im Degrieschenwald als Geist um.

Es wurde von mancherlei Schabernack erzählt, den sie mit den Leuten spielte. So sei der Wald in Verruf gekommen, und wer etwas in ihm zu tun hatte, achtete sorgsam darauf, noch vor Sonnenuntergang heimzukommen. Seine selige Großmutter habe ihm erzählt, so sagte der alte Hutmacher, wie die Ratsherren der Stadt von der eigenartigen Frau geneckt wurden, als diese eines Tages in jenem Wald etwas zu beaugschauen hatten. Sie sei neben den hohen

Herren durchs Gebüsch gehuscht, sei ihnen vor die Füße gesprungen und habe sie vom Weg abgebracht. Die Männer seien schließlich vollkommen verloren umherirrten, bis sie an einer ganz entgegengesetzten Stelle des Waldes wieder herauskamen.

Mancher Wanderer, der im Städtchen Rast machte, sprach verängstigt von einer seltsamen Gestalt, die sich ihm auf seinen Rücken schwang und sich bis dorthin tragen ließ, wo der Wald sein Ende hatte. Ein reicher Bauer habe berichtet, ihm sei im Degrieschenwald ein böser Geist erschienen, der in den Kronen der Tannen von einem Baum zum anderen sprang und ihn zu Tode erschreckte.

Besonders eindringlich schilderte mir der Hutmacher die Geschichte der Schnitterinnen, die einst ein buckliges Weiblein aus dem Wald kommen sahen und auf den Platz zugehen, wo ihre Kleider lagen. Eiligst soll die Gestalt alles zusammengerafft haben und mit der Beute in den Wald geflüchtet sein. Als die Frauen erbost zu der Stelle rannten, lag aber alles noch unberührt an seinem Platz. Nachdem sie ihre Arbeit verrichtet hätten und den Heimweg angetreten hatten, erblickten sie beim Zurückschauen in der Dämmerung jene seltsame Alte, wie sie singend und tanzend über die Kornfelder dahin sprang.

Den alten Leuten und den Kindern aber soll das Weiblein sich stets hilfreich erwiesen haben. So habe es jenen beim

Holzlesen geholfen oder den Kleinen die Plätze gezeigt, wo im Wald die schönsten und süßesten Erdbeeren wuchsen. Und mit besonderem Stolz bemerkte der Mann, dass seine selige Großmutter selbst die Alte gesehen habe, als sie zusammen mit anderen Frauen in jenem Wald Tannenbäumchen pflanzte. Da sei plötzlich eine kleine Gestalt zwischen den Zweigen der Bäume längs des Weges hin und her gesprungen, habe gesungen und gelacht. Er versicherte mir, dass die Großmutter diese Begebenheit bis in ihre letzten Tage mit tiefem Ernst erzählt habe und er an ihrer Geschichte niemals Zweifel hatte, bis zum heutigen Tage nicht.

Ich lächelte, als ich all die wunderlichen Geschichten vom Waldgeist hörte, hatte ich doch da schon meine Bekanntschaft mit jener Alten gemacht und meine eigene Meinung über diese merkwürdige Frau gefasst. Der Hutmacher und die anderen, mit denen ich im Landstädtchen über sie geredet hatte, glaubten wohl, ich würde ihre Erzählungen für reine Einbildung oder für Fantasiegeschichten halten. Nein, so dachte ich gewiss nicht. Nur war ich mir sicher, es als Fremder besser zu wissen als die Einheimischen selbst. Das merkwürdige Fraulein von damals mochte längst gestorben sein. Dennoch war sie weder tot noch ein Waldgeist.

Ich heiße Elsa

Nun aber zurück zu jener Begegnung, die ich damals im Wald hatte. Da stand ich also mit diesem beklemmenden Gefühl ums Herz neben einer seltsamen Gestalt, die in mir einerseits ein schwer zu beschreibendes Unbehagen aufkommen ließ, mich zum anderen aber in eigenartiger Weise faszinierte. Ich fühlte bald, dass jetzt wohl etwas geschehen würde. Ein gewöhnliches „Also dann, alles Gute", konnte ich mir nicht vorstellen. So stand ich da und suchte nach passenden Worten. Es kam wohl nichts anderes aus mir heraus als ein hohles und leises „Na ja ..." Und plötzlich war er wieder da, dieser durchdringende Blick.

Die Frau tat einen Schritt auf mich zu und rieb ihre Hände an der Schürze ab. „Ich heiße Elsa." Bei diesen Worten schnellte mir ihre rechte Hand entgegen. Ich weiß nicht, ob sie meinen Schrecken wahrnehmen konnte, als ich plötzlich das knochige Händchen auffordernd auf mich zeigen sah. Es war mir irgendwie wichtig, diesen nicht zu zeigen, und so reagierte ich schnell wie der Blitz und schüttelte ihre Hand. Sie fühlte sich warm und fest an.

Ich wollte mich gerade vorstellen, als die Frau mit dem Namen Elsa fortfuhr: „Nicht weit von hier ist meine Hütte. Wir haben denselben Weg. Gehen wir doch ein Stück zusammen." Sie bückte sich nach den beiden Körben, hob sie hoch und streckte mir einen von ihnen wortlos entgegen. Ich griff artig nach ihm, und so gingen wir zusammen auf dem Waldweg weiter. Dass ich nun erfuhr, die Frau habe hier im Wald ihre Hütte, machte mein Unbehagen nicht geringer.

Mutig fragte ich nach, ob sie hier im Wald wohne. „Das tue ich", war ihre Antwort und dabei lächelte sie. Wohl hatte sie den ungläubigen Blick bemerkt, den ich bei dieser Frage gewiss im Gesicht hatte. „Natürlich ist das etwas ungewöhnlich, aber trotzdem: Meine Hütte ist nicht weit von hier." Nun musste ich gezwungenermaßen ein Gespräch mit ihr beginnen, und diese außergewöhnliche Tatsache bot mir Stoff dazu. Wie sie denn darauf gekommen sei, ausgerechnet hier im Wald zu leben, fragte ich und fügte ein schüchternes „Wenn ich fragen darf" hinzu.

„Fragen darfst du alles, Wanderer", sagte sie. „Wer keine Fragen stellt, bekommt auch keine Antworten. Wir sind auf dieser Welt, um immer wieder Fragen zu stellen, Fragen um Fragen. Denn die Welt ist voller Geheimnisse. Darum ist die erste wichtige Erkenntnis, die man erlangen muss, die, dass man nie aufhören darf, Fragen zu stellen." Ich wartete darauf, dass sie weitersprach. Doch das tat sie nicht. Dies war ihre ganze Antwort auf meine Frage.

Liebe Leserinnen und Leser, ihr werdet verstehen, dass mir die Geschichte nun immer unheimlicher wurde. Diese

Frau, mit der ich da Seite an Seite durch den Wald ging, kam mir jetzt fast vor wie ein Wesen aus einer anderen Zeit. Später, kurz bevor ich wieder von ihr Abschied nahm, sprach ich sie nochmals auf diese Frage an und auf ihre Antwort, die eigentlich gar keine war. Und sie erklärte mir die Begebenheit mit einer Gegenfrage: „Kann nicht derjenige glücklich sein, der auf eine unwichtige Frage eine wichtige Antwort erhält?" Da begriff ich, dass sie eine für sie belanglose Frage dazu benutzte, mir etwas Wichtiges mitzuteilen.

Was hätte es mir genützt, zu wissen, was der Grund war, weshalb sie hier im Wald wohnt? Ihre Antwort dagegen war für mich durchaus wichtig. Das erfuhr ich, als wir an eine Weggabelung kamen.

„So, Wanderer", sagte sie und deutete auf einen schmalen Weg, der schräg einmündete. „Hier geht es zu meiner Hütte." Gut, dachte ich, jetzt verabschiedest du dich höflich, gehst auf geradem Weg ins Städtchen, isst und trinkst etwas und machst dich dann eilig auf, diese Gegend zu verlassen. „Du kannst mit mir kommen, wenn du möchtest", durchkreuzte Elsa meine Hoffnung auf eine schnelle Verabschiedung. „Ich glaube, dass dich die Frage nach der Weisheit interessiert." Ihre Einladung machte mich verlegen, und ich suchte nach einer Ausrede, um nicht mit ihr gehen zu müssen.

„Was nützt dir eine noch so große Wanderung, wenn sie nicht dazu dient, deine Fragen zu beantworten?", entgegnete die Frau. „Wenn du ehrlich bist, dann spürst du in dir die Neugier, dem Geheimnis dieses Waldes auf den Grund zu gehen." Elsa hatte mich durchschaut und entwaffnet. Dieser Mensch konnte in mich hineinsehen, konnte in meinem Gesicht meine Gedanken lesen. Und genau das war es, was mir Furcht einflößte. Es war nicht so sehr der Wald, nicht die seltsame Art der Begegnung. Es war die Angst, dass hier jemand hinter die sorgsam verschlossen gehaltenen Mauern meiner Seele blicken konnte.

Elsa hatte recht: In mir war tatsächlich die Neugier, jene Quelle der Weisheit zu finden, die geheimnisvolle Reise durch den Degrieschenwald zu unternehmen und den verborgenen Geheimnissen dieses Waldes auf die Spur zu kommen. Hätte sie mich nicht durchschaut, meine Angst wäre größer gewesen als meine Neugier, auf jene Fragen eine Antwort zu finden.

„Du weißt ja, man darf niemals aufhören, Fragen zu stellen. Also komm, Wanderer!" Elsa bog in den schmalen, grasbewachsenen Pfad ein, ohne sich nach mir umzuschauen. Ich folgte ihr, der Wanderer, den sie nur so ansprach und den sie niemals nach seinem Namen fragte.

Bei Butzenwein und Birnenweck

Der Weg führte leicht bergab. Er war ziemlich eng, und oft ragten die Tannen und Fichten in ihn hinein, sodass wir ihnen ausweichen oder sie beiseiteschieben mussten. Elsa ging gut zehn Meter voraus. Etwas beklommen folgte ich ihr, schließlich wusste ich nicht, was mich erwartete. Es könnte ja durchaus auch eine Falle sein, in die mich diese Frau hineinlockte. Vielleicht warteten bei der Hütte schon Räuber oder Wegelagerer, die mich ausnehmen wollten. Solche Gedanken kamen mir in den Sinn, als der Pfad noch enger und die Bäume immer dichter und höher wurden.

Elsa sagte nichts, drehte sich auch nicht um, um nach mir zu schauen. Ich wagte es nicht, sie anzusprechen. Mir kam die Wegstrecke, die wir gingen, recht lange vor. Plötzlich machte der Pfad eine scharfe Kurve. Als wir aus der Biegung herauskamen, sah ich vor uns eine alte und ziemlich verfallene Blockhütte in einer Lichtung stehen. Der Weg führte direkt auf sie zu. Die alte Frau war bald bei ihr angelangt, und sie stand bereits an der Tür, als sie sich endlich zu mir umdrehte. Lächelnd sagte sie: „Hier wohne ich. Komm herein, du hast sicher Hunger."

Elsa öffnete die Tür und ging in die Hütte. Zaghaft folgte ich ihr. Als ich eintrat, stockte mir der Atem. Hinter den morschen Wänden der unscheinbaren Hütte öffnete sich ein großer, geräumiger und heller Raum. Der Boden war aus kostbarem Holz, an den Wänden hingen verzierte Kerzenleuchter. Neben der Tür fiel mir ein großer Bücherschrank auf, der bis zur Decke reichte und mit unzähligen Büchern – dicken und dünnen, alten und neuen – befüllt war. Die Fenster hatten spitzenbesetzte Vorhänge. In der Mitte des Raumes stand ein schön gedrechselter Tisch mit geschwungenen Beinen, über den eine reizvoll bestickte Decke ausgebreitet war. Zwei Stühle standen dabei. Sie waren mit edlen Polstern versehen. Es ist kaum zu beschreiben, was ich verspürte, als ich in diesen Raum trat.

War das wirklich diese alte Blockhütte, fragte ich mich. Und so etwas im Wald? Ich glaubte zu träumen, bis mich Elsa forsch aus meinem Staunen herausholte. „Stell den Korb drüben in die Ecke!" Sie platzierte ihren auf dem Tisch und zog die Schürze aus. Meine Verwunderung muss ihr aufgefallen sein. Ohne sich zu mir umzudrehen, sagte sie: „Die meisten Menschen glauben, das, was außen nichtssagend aussieht, muss dies auch im Innern sein, und das, was nach außen glänzt, muss es auch innen. Die Wirklichkeit ist nicht selten umgekehrt, nicht wahr, Wanderer."

Ich stimmte ihr nickend zu, war aber noch von der Kostbarkeit des Raumes derart geblendet, dass ich kaum vernünftig denken konnte. Als ich mich einigermaßen gefangen hatte, versuchte ich, mit Elsa ins Gespräch zu kommen.

Ich sagte, dass es doch ein bisschen ungewöhnlich sei, hier mitten im Wald in einer Hütte zu wohnen, noch dazu, wenn diese Hütte in ihrem Innern wie ein kleines Schloss aussieht.

„Gewöhnlich ist das nicht, das stimmt", gab sie mir zur Antwort. „Das Gewöhnliche hat die schweren Stiefel der Trägheit an seinen Füßen. Deshalb kann man mit dem Gewöhnlichen auch kaum eine lange Reise machen." Langsam hatte ich mich darauf eingestellt, auf meine Fragen merkwürdige Antworten zu erhalten. Es war eben alles ungewöhnlich: die Frau, die Hütte, der Wald, die ganze Begebenheit. Es musste schlicht ungewöhnlich sein, sonst hätte das wohl alles nicht existiert.

Gut, dachte ich, als ich Elsa so reden hörte, denke einfach gar nicht darüber nach, was du da hörst, sei es nun logisch oder nicht. Ich begann ihre Art zu akzeptieren und mich nicht mehr über das, was ich erlebte, zu wundern – wenigstens versuchte ich es. So machte ich in meinem Inneren Platz für jene Neugier, die Elsa schon zu Beginn aufgefallen sein muss, die bisher aber an den Ketten meiner Angst hing und mir gar nicht richtig bewusst wurde.

Irgendwoher hatte das Fraulein zwei Becher geholt, einen Krug und zwei Teller mit je drei kleinen Scheiben eines dunklen Gebäcks. Sie richtete im Nu alles auf dem Tisch an, stellte noch schnell eine Kerze hinzu, zündete diese an

Tanze mit den Plagegeistern entlang deiner Wege.
Das ist alles.

und bat mich sodann Platz zu nehmen. So setzte ich mich, und sie goss aus dem Krug eine klare, rötlich-braune Flüssigkeit in die Becher. „Das ist Butzenwein", klärte mich Elsa auf. „Er stammt noch vom letzten Jahr und geht nun langsam zur Neige. Deshalb muss ich jetzt neuen machen. Er wird aus Hagebutten zubereitet. Darum habe ich heute welche gesammelt."

Ich nippte probierend an dem Getränk und war von seinem süßlich-aromatischen Geschmack angetan. Elsa verriet mir, wie solch ein „Butzenwein" herzustellen sei. Sie nehme dazu zwei Pfund frische Früchte, die sie der Länge nach aufschneidet, von den Kernen befreit und leicht zerquetscht. Diese vermische sie gründlich mit einem Pfund Zucker und gebe das Ganze in ein weites, irdenes Gefäß. Darauf komme dann ein herber Weißwein, für die angegebene Menge etwa drei Liter. Nun lasse sie das Gefäß gut zwei Wochen stehen und filtrierte anschließend durch ein Leinentuch ab. Zu lagern sei der Wein in dunklen Flaschen an einem kühlen Ort. Er halte sich recht gut, sagte sie, bis es im nächsten Herbst wieder Hagebutten gebe. Das sei das einfache Grundrezept, sagte Elsa und fügte mit einem geheimnisvollen Unterton in der Stimme hinzu: „Das Aroma gibt eine Prise Kräuterpulver, das ich noch zufüge. Ausgewählte Kräuter können dem Wein auch eine ganz besondere Heilwirkung für bestimmte Krankheiten geben." Sie lächelte, nahm einen Schluck aus dem Becher und griff zu dem seltsamen Gebäck, das auf ihrem Teller lag. „Das ist Birnenweck."

Sie biss genüsslich von der Scheibe ab und forderte mich mit einer Geste auf, das Gleiche zu tun. Es war ein gehaltvolles Früchtebrot mit Nüssen und Mandeln, das sie mir da servierte, und es schmeckte ganz vorzüglich. Nun, solche Einzelheiten mögen für euch, liebe Leserinnen und Leser, nicht sonderlich von Interesse sein. Sie gehörten aber zu dieser eigentümlichen Begegnung mit Elsa dazu. Nun lasst mich euch erzählen, wie die Geschichte weiterging. Jetzt begann es erst richtig spannend zu werden.

Die Reise beginnt

Wir saßen an einem vornehm gedeckten Tisch, aßen Birnenweck und tranken Butzenwein. Elsa hatte mich also eingeladen, mit ihr eine Reise durch den Degrieschenwald zu jener geheimnisvollen Quelle der Weisheit zu unternehmen. Ich wusste zu jenem Zeitpunkt noch so gut wie nichts über jene Quelle und nur andeutungsweise etwas über diesen seltsamen Wald. Nun wurde ich in meiner Neugier doch etwas mutiger und fragte Elsa, ob sie mir näheres über diese Quelle sagen könne, auf deren Suche wir uns begeben wollten. Die Frau wischte sich mit Daumen und Zeigefinger leicht über die Mundwinkel und ließ sich gemütlich in den Stuhl zurücksinken.

„In den Tiefen dieses Waldes gibt es jene Quelle, die man die Quelle der Weisheit nennt", begann Elsa zu erzählen. „Viele Menschen möchten sie sehen, aus ihr trinken, damit all ihre Fragen beantwortet und sie weise werden. Nur macht es einigen Schwierigkeiten, den Weg zu dieser Quelle auch zu gehen. Ich spürte, als ich dich traf, dass du ein nachdenklicher Mensch bist, Wanderer. In dir steckt eine große Neugier nach dem Verborgenen und Geheimnisvollen. Diese Neugier muss man mitbringen, wenn man den Weg zur Quelle einschlagen will. So kam es mir in den Sinn, dich einzuladen, mit mir die Reise durch den Degrieschenwald zu machen, um jene Quelle zu finden."

Ich sagte, dass sie den Weg zur Quelle sicher gut kenne. „Natürlich", entgegnete sie, „ich bin ja schließlich ein Degriesch." Und da war schon wieder ein neues Rätsel, das mir das eigenartige Fraulein aufgab. Ein Degriesch, was um alles in der Welt ist das, dachte ich. Natürlich musste es etwas mit diesem Wald zu tun haben. Elsa hatte das Wort ja zuvor schon einmal erwähnt, doch was für ein seltsames Wesen mag solch ein Degriesch wohl sein? Ich brauchte meine Frage erst gar nicht zu stellen.

„Ein Degriesch ist weder ein Gespenst noch ein Waldgeist!", gab Elsa lachend auf meine nicht ausgesprochene

Frage zur Antwort. „Wie schon gesagt: Ein Degriesch ist jeder, der die Reise durch diesen Wald unternommen hat und aus der Quelle der Weisheit trinken durfte." Und schelmisch fügte sie hinzu: „Noch ein jeder von denen war ganz aus Fleisch und Blut."

Erneut bemühte ich mich, meine Verwunderung zu verbergen und fragte ganz unumwunden, wie man sich denn als Degriesch fühle. Und das gab mir Elsa zur Antwort: „Du lernst schnell, Wanderer. Du hast den Nagel auf den Kopf getroffen." Dann lächelte sie und schwieg.

Ihr werdet verstehen, dass es mir nun nicht mehr gelang, in mein Gesicht die Züge von Gelassenheit und Verständnis hineinzuzaubern. Ich musste Elsa ziemlich verdutzt angeschaut haben. Scheinbar genoss sie es, mich so ratlos dasitzen zu sehen, denn sie blickte mich überlegen lächelnd an und forschte nach meinen Reaktionen. Gott sei Dank kostete sie dieses Gefühl nicht allzu lange aus und begann von sich aus weiterzuerzählen.

„Ein Degriesch zu sein ist keine Sache von Äußerlichkeiten. Es geht vielmehr um Gefühle, innere Einstellungen und Erkenntnis." Aha, ein Degriesch sei also ein weiser Mensch, fiel ich ihr sofort ins Wort, ein Meister, ein Guru, ein Erleuchteter. Elsa zog skeptisch die Mundwinkel nach unten und hob gleichzeitig die Augenbrauen an.

„Mag sein, dass man das so sagen kann, aber solche Ausdrücke gebrauche ich ungern. Wer mit solchen Worten leichtfertig umgeht, glaubt, dass sich Wasser nur aus den Wolken am Himmel schöpfen lässt. Und diese Leute versuchen dann ihr ganzes Leben lang, dieses Kunststück fertigzubringen. Ich mag solche Geistesakrobatik nicht besonders. Ich warte lieber, bis es regnet." Und wieder lächelte sie, aber mehr spitzbübisch als überlegen.

Was sie sagte, verwunderte mich erneut. Was hat sie denn gegen Erleuchtete? Mir kam sie ja fast selbst vor wie eine weise Frau, die alle Geheimnisse des Lebens kennt. Es dauerte eine gewisse Zeit, bis ich erkannte, was sie eigentlich meinte. Sie hatte gar nichts gegen weise Führer und Lehrer, nur gegen das leichtfertige Umgehen mit diesen Begriffen. Bevor mir das klar wurde, musste ich erst eine gewisse Strecke auf dem Weg zur Quelle hinter mich bringen. Doch, der Reihe nach.

Elsa stellte das Geschirr zusammen, stand auf und trug es zu einem Spülstein, der nahe der Tür stand. „Nun wird es Zeit, dass wir uns aufmachen", sagte sie. Sie nahm einen wollenen Umhang von einem Haken an der Wand, warf ihn sich über die Schultern und ging zur Tür. Ich saß noch immer auf meinem Stuhl und sah ihr zu. „Na, was ist, Wanderer, du wolltest doch wissen, wie man sich als Degriesch fühlt. Dann komm und lass uns gehen. Wenn wir wieder diese Hütte betreten werden, wird deine Frage beantwortet sein."

Sie öffnete die Tür und ging nach draußen. Zögernd folgte ich ihr.

Mückentanz

Nun begann jene seltsame Reise, die, das kann ich mit Fug und Recht behaupten, mein Leben veränderte. Ich darf mich heute Degriesch nennen, weiß auch, dass das kein Ehrentitel ist, keine Auszeichnung und kein Name mit mystischer Bedeutung. Jeder Mensch kann zu einem Degriesch werden, ist vielleicht gar einer, ohne es zu wissen.

Elsa und ich gingen also vor die Hütte und schlugen zunächst einen Weg durch struppiges Gebüsch ein. Anfangs sei der Weg wohl etwas ungewohnt, meinte Elsa, doch das werde bald besser. Ich hatte in der Tat Mühe, meiner Begleiterin zu folgen. Immer wieder drohte ich, an dürren Ästen oder knorrigen Wurzeln hängenzubleiben. Mir kam es vor, als ginge Elsa mit mir ohne Ziel einfach drauflos.

„Kein Mensch würde denken, dass wenige Meter weiter der eigentliche Weg zur Quelle der Weisheit beginnt", sagte sie plötzlich und zeigte mit dem Finger auf eine schmale Schneise vor uns, die aus dem wirren Gestrüpp heraus nur sehr vage zu erkennen war. Hier nahm ein vergleichsweise breiter Waldweg seinen Anfang, links und rechts von hohen, alten Nadelbäumen flankiert. Elsa ging nicht mehr voraus, sondern gesellte sich nahe an meine Seite. Vergnügt begann sie zu plaudern, sprach von seltenen Vögeln, die sie alle an ihrem Gesang erkennen könne und von den Waldkräutern, zu denen sie eine besonders liebevolle Beziehung habe.

So gingen wir ein gutes Stück des Weges, ohne dass meine Begleiterin das Wort „Quelle" auch nur in den Mund nahm. Ich hingegen dachte kaum an etwas anderes. Das, was Elsa mir erzählte, mag ich wohl wahrgenommen haben, aber richtig zuhören konnte ich nicht. Der Weg führte bald etwas abwärts in eine leichte Senke. Ich hörte von Ferne das Gluckern von Wasser, was mein Herz gleich höherschlagen ließ.

„Das ist nur ein winziges Waldbächlein, das du da hörst. Die Quelle ist das noch nicht", klärte mich Elsa auf. An der Stelle angelangt, wo das klare Rinnsal von der Böschung herabplätscherte, wurden wir von einer schwirrenden Wolke kleiner Mücken erwartet, die sich quer über den Weg niedergelassen hatten. Ihr werdet solche Mückenschwärme sicher kennen, liebe Leserinnen und Leser. Man trifft sie immer wieder einmal bei Spaziergängen oder

Wanderungen, wenn man an feuchte Stellen kommt. Dieser Mückenschwarm aber war wohl der größte, den ich je zu Gesicht bekam. Elsa sah mich lächelnd an und sagte: „Ja, Wanderer, da müssen wir wohl hindurch, wenn wir den Weg fortsetzen wollen. Geh du zuerst, ich folge dir, wenn du den Schwarm durchquert hast."

Zunächst dachte ich an ein Ausweichen. Man könnte ja drum herumgehen. Aber links und rechts des Weges waren mit Hecken dicht bewachsene Böschungen, die es unmöglich machten, den Mückenschwarm seitlich zu umgehen. Nun ja, dachte ich mir, Augen zu und durch. Ich beschleunigte meinen Gang, kniff die Augen zu und stürmte auf die dichte Wolke tanzender Insekten los. Als ich in sie eingetaucht war, nahm ich beide Arme hoch und versuchte während des Gehens mit heftigen Bewegungen meiner Hände und Arme die Mücken von meinem Gesicht zu vertreiben. Da mir bewusst war, wie groß dieser Schwarm war, begann ich zu rennen und glaubte, so schneller auf die andere Seite zu kommen. Doch die Mücken nahmen kein Ende.

Ich lief schneller. Und tatsächlich trat ich bald aus der lebendigen Wolke heraus. Da blieb ich stehen und drehte mich um. Doch was war das? Die Mücken verfolgten mich, sie holten mich ein! In kürzester Zeit war ich wieder von Tausenden schwirrender Mücken umgeben. Ich schlug noch heftiger nach den Tierchen und begann erneut zu laufen, immer schneller. Doch der Schwarm schien an mir zu haften. Da bekam ich Angst. Wohin lief ich? Ich schaute zurück und versuchte mit meinem Blick, Elsa zu finden. Aber ich sah nur Mücken, Tausende und Abertausende von Mücken.

In meiner Angst begann ich, den Weg zurückzulaufen. Die Zeit kam mir wie eine Ewigkeit vor, die ich, von Mücken umgeben, zu meiner Weggefährtin zurücklief. Ich traf sie wieder und der Mückenschwarm zog sich auch tatsächlich zurück. So war ich wieder da, wo ich losgelaufen war, wenige Meter vor mir der undurchdringlich erscheinende Nebel von in der Luft hüpfender Mücken. Elsa lachte, als sie mich daherlaufen sah, die Hände wild vor meinem Kopf hin und her schlagend.

„Ich sehe, du kannst nicht einmal mit Mücken umgehen!", sagte sie und fasste mich am Arm. Sie zog mich etwas zur Seite. „Schau", begann Elsa, so wie eine Mutter mit ihrem Sprössling redet. „Der Umgang mit Mücken ist doch gar nicht schwer. Du musst nur eines wissen: Störst du ihr Spiel, verfolgen sie dich, beschleunigst du deinen Gang, holen sie dich ein, hältst du inne, warten sie mit dir. Du magst nach ihnen schlagen, doch Mücken spüren keine Schläge." Elsa schaute nachdenklich hinüber zum schwirrenden Mückenhaufen.

„Mücken sind für uns nur dann Plagegeister, wenn wir sie als solche betrachten und sie so behandeln." Sie ging einige

Schritte auf den Schwarm vor uns zu. „Komm, Wanderer!",
rief sie mir zu. „Lass dir zeigen, wie man mit Mücken umgeht." Elsa winkte mir, ich solle zu ihr kommen. Recht
skeptisch gesellte ich mich an ihre Seite. Wir hatten den
Schwarm nun direkt vor unseren Augen. „Gib mir deine
Hand, wir versuchen es noch einmal." Ich war völlig verdutzt, tat aber, was sie sagte. Sie griff mich fest bei der
Hand. Und dann begann Elsa plötzlich zu hüpfen und zu
springen, und da sie mich ja festhielt, konnte ich nicht um-
hin, ihre eigentümlichen Bewegungen mitzumachen.
Schließlich begann sie auch noch zu singen. Es war ein
Lied, das mir völlig unbekannt war. So sprang Elsa mit mir
hopsend und singend in den Mückenschwarm hinein. Und
wir hüpften und drehten uns ganz ungezwungen. Elsa sang
und lachte und ehe ich all das begreifen konnte, was da vor
sich ging, waren wir auch schon aus der Mückenwolke
herausgetreten. Ich staunte. In der Tat, der Schwarm lag
hinter uns. Und er kam auch nicht mehr zurück.

„Nun, Wanderer", sagte Elsa fröhlich, „so geht das mit
den Mücken." Sie hatte zu tanzen aufgehört und stand vor
mir wie ein freches, kleines Mädchen, das beim Versteck-
spiel gegen den großen Bruder gewonnen hatte. „Du musst
das Spiel der Mücken mitmachen, nichts weiter. Dann tanzen sie kurze Zeit mit dir, doch bald werden sie deiner
überdrüssig, und ehe du dich versiehst, tanzt Mücke wieder mit Mücke." Sie lächelte mich an und begann den Weg,
der vor uns lag, weiterzugehen.

„Ja, Wanderer, tanze mit den Plagegeistern entlang deines Weges. Das ist alles."

Sehr nachdenklich ging ich mit Elsa weiter.

Der traurige Mönch

Als wir die Senke durchschritten hatten, wurde der Weg zunehmend steiniger. Aber es ging flach weiter, sodass uns das Gehen keine allzu große Mühe bereitete. Woher sie es wusste, wie man mit lästigen Mückenschwärmen umgeht, fragte ich sie.

„Nun, das ist einfacher, als man denkt", versuchte sie mich aufzuklären. „Du musst den Weg, den du gehst, immer mit offenen Augen gehen, gut beobachten und vor allem aus dem, was dir begegnet, lernen." Aber wie sie es selbst gelernt habe, so mit den Mücken zu tanzen, hakte ich sogleich nach. „Das liegt an der Art, wohin du deine Augen richtest. Vorhin bist du wild fuchtelnd durch die Mücken gerannt. Wohin blicktest du? Auf die Mücken? Nein, nur auf dich, dass dir auch ja keine in die Augen oder gar den Mund fliege. Wer so seinen Weg geht, kann nie erkennen, was entlang des Weges Lehrreiches auf ihn wartet." Jetzt wollte ich es aber genauer wissen. Ja, gut, sagte ich, es

Wer sich am äußeren Licht erfreuen kann, der kann es
auch an jenem, das in ihm leuchtet.

hieße doch immer, man soll in sich hineinschauen oder hineinhorchen. Wenn ich sie recht verstanden hätte, so meine sie wohl, es wäre wichtiger, die äußeren Dinge zu sehen und weniger sich selbst zu beobachten.

„Du beginnst zu verstehen, Wanderer", sagte sie daraufhin nur kurz. Meine Frage aber blieb unbeantwortet, mehr noch: Es schien mir ziemlich absurd, was ich da von Elsa hörte. Nun, ich beließ es bei meiner Unsicherheit und sagte mir, dass ich es wohl bislang nicht begreifen könne, was Elsa mir damit sagen wollte.

„Jetzt schau doch einmal dort hinüber in den Wald hinein", hörte ich sie unerwartet sagen, als ich noch ganz mit meinen Gedanken beschäftigt war. Elsa zeigte schräg hinüber in die Tannen längs des Weges. Dort erkannte ich einen kleinen runden Platz, der aussah wie eine winzige Lichtung. Mitten darin war eine aus Bruchsteinen aufgeschichtete Grotte, vor der sich ein farbenprächtig blühender Blumengarten ausbreitete. Ich war überrascht, so etwas mitten in einem dichten und ziemlich finsteren Wald anzutreffen.

„Das ist die Grotte des traurigen Mönchs", sagte Elsa mit leiser Stimme. „Komm, Wanderer, lass uns hingehen." Mit schnellen Schritten sprang sie vom Weg hinein in das Unterholz und elegant wie ein Reh hüpfte sie hindurch auf die lichte Stelle zu. Ich beeilte mich, ihr zu folgen und kam mir doch recht unbeholfen vor, wie ich so unsicher durch das Dickicht stapfte. Als ich die Grotte erreichte, saß meine Begleiterin schon auf einer hölzernen Bank vor dem Blumengärtchen.

„Setz dich und schau!", forderte sie mich auf. Nun war ich doch gespannt, was es mit dieser Grotte auf sich hatte, und so ließ ich mich neugierig neben Elsa nieder. Da saßen wir beide, nur wenige Schritte von jener kleinen Felsenhöhle entfernt und lediglich durch ein schmales Gärtchen von ihr getrennt. Die Blumen, die dort blühten, leuchteten in den verschiedensten Farben, mal kräftig und intensiv, mal zart und pastellartig. Als ich über die unzähligen großen und kleinen Blütenköpfe hinweg zur Grotte blickte, erkannte ich in ihrem Inneren die Umrisse eines Menschen sich schemenhaft aus dem Dunkel des Schattens abzeichnen.

Das muss wohl jener Mönch sein, dachte ich sogleich, was mir Elsa auch im selben Moment bestätigte: „Hier lebt seit unzähligen Jahren dieser Mönch in seiner Grotte und starrt tagaus, tagein auf die wunderbare Blütenpracht, die sich da vor ihm auftut. Schau ihn dir nur einmal eine Weile an, Wanderer, und denke über das nach, was du siehst."

Ich betrachtete also, ohne nachzudenken, den geheimnisvollen Mönch im Dunkel seiner steinernen Behausung und wunderte mich, dass außer Elsa noch ein anderer Mensch in diesem Wald wohnte. Je länger ich ihn ansah, desto klarer konnte ich seine Gestalt erkennen, schließlich auch die Züge seines Gesichtes.

Der Mönch schaute ausgesprochen mürrisch drein. Wie angewurzelt stand er da und richtete seinen verbitterten Blick in das blühende Farbenmeer vor ihm. Zunächst dachte ich, jetzt müsste etwas passieren. Doch nichts geschah. Der Kuttenmann bewegte sich nicht, und nur am gelegentlichen Blinzeln seiner trüben Augen erkannte man, dass sich da keine Statue, sondern ein lebendiger Mensch im Schatten verbarg. Da meine Gefährtin neben mir nichts sagte und nur zur Grotte hinüberblickte, begann ich den Mönch näher zu betrachten.

Es kam mir alsbald die Frage, weshalb er wohl traurig ist. Ist er verzweifelt? Leidet er? Plagt ihn eine Krankheit, ein Schmerz? Er steht im Dunkel, während draußen eine milde Herbstsonne die Luft wärmt. Bestimmt ist er unglücklich, weil er einsam ist. Sind es Zweifel, die da aus seinen Augen quellen? Woran mag er wohl im Augenblick denken? Während meine Gedanken so um diese Fragen kreisten, begann Elsa neben mir flüsternd zu reden. Als ob sie meine Gedanken lesen konnte, sagte sie:

„Ich weiß, warum der Mönch traurig ist. Er muss immer wieder an seine Mutter denken, die ihn früher, als er noch ein kleiner Bub war, ängstlich, doch bestimmt ermahnte, ja nie in die Sonne zu schauen. Ihm würden sonst die Augen verbrennen und er müsse erblinden. So lebt er nun zeit seines Lebens im Schatten dieser Höhle. Doch irgendwo tief drinnen nagt in ihm der Zweifel, etwas versäumt zu haben, als er nie in die Sonne blickte. Und darum ist er jetzt auch traurig. Aber der liebe Gott hatte Mitleid mit seinem treuen Diener und ließ vor der Grotte dieses wunderschöne Blumengärtchen sprießen. Nun liegt es an ihm, dem traurigen Mönch, von den leuchtenden Blüten zu lernen. Ich weiß, eines Tages wird er, wenn er in die Farbenpracht der Blumenbeete blickt, das herrliche Echo der Sonne sehend hören können. Und in diesem Augenblick wird er erkennen, dass er nichts versäumt hat, als er damals artig der Warnung seiner Mutter folgte und nicht in die Sonne sah. Auf den Widerhall des Lichtes zu lauschen, das ist nun seine Aufgabe. Dazu ist er leider noch nicht fähig, denn seine traurigen Augen schauen nur in sich selbst hinein und beweinen das Dunkel, das sie dort erblicken. Würde er die Botschaft der Blumen verstehen, dann hellten sich auch die verhärteten Züge seines Gesichtes auf. Und seine Augen würden klar werden. Eines Tages wird es so weit sein." Kaum hatte Elsa ausgeredet, stand sie auch schon auf.

„Ich glaube, das genügt. Lass uns den Weg zur Quelle weitergehen, Wanderer." Nachdenklich erhob auch ich mich und sah nochmals hinüber zur Grotte, in der unbeweglich der traurige Mönch stand. „Du magst bestimmt recht haben, Wanderer, wenn du sagst, man solle mehr in sich hineinhorchen und auf das achten, was in einem drin ist. Doch was ist, wenn man dort immer nur das Finstere erblicken kann? Ist es dann nicht besser, das zu betrachten, was um einen ist, das Helle im Draußen zu suchen?" Hintereinander gingen wir den engen Pfad zurück zum Weg.

„Wer sich am äußeren Licht erfreuen kann, der kann es auch an jenem, das in ihm leuchtet. Und dort leuchtet immer eines, bei jedem Menschen."

Der Weg führte weiter. Und die Sonne schien an diesem Tag nicht untergehen zu wollen.

Fragen an den Horizont

Nachdem ihr nun bis hierher meinem Bericht gefolgt seid und all das, was ich erlebt habe vielleicht mit staunendem Interesse verfolgt habt, werdet ihr verstehen, dass ich begann, manches mit anderen Augen zu sehen. Und das umso mehr, je länger ich mit Elsa durch den Wald ging. Glaubt mir, ich wunderte mich inzwischen über nichts mehr, was uns auf dieser Reise durch den Degrieschenwald begegnete.

Fragt mich nicht, wie das zugehen soll, dass inmitten eines finsteren Waldes, abseits des Weges in einer Grotte ein Mensch lebt, der nichts anderes tut, als Tag für Tag vor sich hinzustarren. Ich weiß es nicht. Ich weiß nur, dass man Fragen solcher Art durchaus stellen soll – ja muss – aber man darf keine rationale Antwort erwarten. Wer solche Fragen vernunftmäßig beantworten will, wird scheitern – und dabei das Wesentliche versäumen.

Auch die Frage, wer denn nun diese eigentümliche und geheimnisvolle Elsa wirklich war, ist wichtig, aber man darf keine Antwort erhoffen, die der Kopf ohne weiteres einordnen kann. Weil es eine solche einfach nicht gibt. Aber es gibt Antworten anderer Art. Diese zeigen sich jedoch nicht sogleich, nachdem man die Frage gestellt hat. Sie sind schon in der Frage enthalten und bleiben mitunter auch dort. Das klingt verrückt? Paradox? Richtig, das tut es. Es dabei zu belassen aber ist ungemein befreiend. Auch das sollte ich auf der Wanderung mit Elsa nach und nach erkennen.

Von sich selbst hatte Elsa bisher kaum etwas erzählt. Nun aber begab es sich, dass sie das Geheimnis ihrer Person ein klein wenig lüftete. Nachdem wir bei der Grotte Halt gemacht und uns wieder auf dem Waldweg befunden hatten, begann meine Begleiterin über sich zu reden. Viel war es nicht, aber es eignete sich dazu, mich ein weiteres Mal nachdenklich zu machen.

Der Weg näherte sich dem Waldrand und führte eine Zeitlang parallel mit ihm weiter. An einer Stelle ging er sogar einige Schritte aus den Bäumen heraus. Wir blieben dort stehen und genossen den Blick in die Weite des Landes, der guttat nach der langen Zeit, in der unsere Augen nichts als nur finstere Tannen schauen konnten. Elsa atmete tief durch und sagte:

„Das ist der Platz, an dem ich als junge Frau oft stundenlang saß oder im Gras lag und zu den Wolken hinauf sah." Ihre Augen zeigten eine leichte Wehmut, als sie über den Horizont hinweg nach oben in das satte Blau des Himmels blinzelte. „Ach, wie lange ist das schon her und wie unwissend war ich damals noch." Sie lächelte zaghaft. Nach einer Weile sah sie mich an.

„In jenen Tagen war ich zwar oft in diesem Wald, hatte ihn aber noch nicht bereist und wusste nichts von der Quelle der Weisheit. Auf diese bin ich erst viel später gestoßen." Erneut ließ sie den Blick über die weiten Felder und Wiesen schweifen. „Immer wenn ich traurig und betrübt war und mit dem Leben haderte, kam ich hierher und schöpfte aus der Ruhe der Natur neue Kraft und Zuversicht. Es geschah hier auch etwas Seltsames, das letztlich dazu führte, dass ich mich später auf die Suche nach der Quelle der Weisheit machte." Elsa blickte hoch zu den

Wolken und schwieg. In meiner Neugier begann ich zu fragen, was denn hier Eigenartiges geschehen sei, das sie so beeindruckt habe.

„Schau doch einmal hinüber zum Horizont, Wanderer", sagte sie. Gespannt richtete ich meinen Blick auf die hügelige und bewaldete Bergkette in der Ferne. „Genau dieser Horizont hat zu mir gesprochen." Nach all dem, was ich bisher im Degrieschenwald erlebt hatte, hielt sich mein Erstaunen über die Worte der Frau in Grenzen. Elsa schaute mich prüfend an, so, als wolle sie sehen, wie ich reagieren würde. Und dann begann sie zu erzählen: „Eigentlich hat er ja nicht von sich aus zu mir gesprochen, dieser Horizont, sondern mir lediglich auf meine vielen Fragen eine Antwort gegeben."

„Du kennst sicher jene Zeiten im Leben, zu denen eine sonderbare und tiefe Traurigkeit die Seele befällt, und gegen die man nichts machen kann", fuhr Elsa fort. „In jungen Jahren überkam mich ein solch schwermütiges Gefühl des Öfteren. Dann ging ich hier zu dieser Stelle am Waldrand, wo wir jetzt stehen. Als ich dabei den Horizont erblickte, wurde in mir jedes Mal eine schmerzliche Sehnsucht wach. Ich wollte die Weite spüren, weil ich mich in der Enge meines damaligen Lebens gefangen sah. Und so stand ich hier unter den ausladenden Ästen der alten Bäume und schrie meine Trauer dem Horizont entgegen: Wer bist du, Horizont, dass du den Himmel berühren darfst zu allen Stunden der Tage und Nächte? Wer bist du, dass du die Sonne aufnehmen darfst, wenn sie sich in müder Röte zu dir neigt? Wer bist du, dass du aus dir Wolken sprießen lassen darfst, wenn die Erde nach lebendigem Nass lechzt? Wer bist du, Horizont?" Elsas Augen hatten ihre sprühende Lebendigkeit verloren und begannen fast unmerklich zu zittern.

„Ja, Wanderer, so schrie ich und weinte. Ich sank in mich zusammen, ließ mich auf die Knie fallen und legte die Stirn schluchzend ins kühlende Moos. Da hörte ich plötzlich, wie der Wind stärker wurde und dumpf durch die Zweige der Tannen hauchte. Ich richtete mich soweit auf, dass ich den Kopf heben und den Blick nach vorn richten konnte. Und dann vernahm ich vom Horizont her eine Stimme, die sagte: Du fragst mich, wer ich bin? Ich bin ein Schein. Denn wenn ich zu dir hinüberblicke, dann bist du es, die den Himmel berührt, die Sonne aufnimmt und die Wolken sprießen lässt. Was ich für dich bin, bist du für mich, ein Horizont. Jeder ist des anderen Sehnsucht, Schmerz und Hoffnung … Ja, das waren die Worte des Horizonts, die ich tief in meiner Seele klar und deutlich vernahm."

Als Elsa das sagte, wurden ihre Augen feucht. Ihre Stimme war leise und ernst geworden. „Wie recht er doch hatte, nicht wahr? Es ist alles eine Frage des Standpunktes." Sie sah mich lächelnd an und rieb sich mit den Fingern sanft über die Augenlider. „Damals verkörperte der Horizont für mich die Sehnsucht nach Erfüllung und Sinn. Ich sehnte mich danach, selbst einmal wie der Horizont zu sein. Der Horizont lehrte mich in diesen wenigen Worten, dass wir uns alle gegenseitig ein Horizont sein können. Stell dir einmal vor, Wanderer, alle Menschen wüssten dies. Würden wir dann nicht erkennen, dass wir einander Geschenke sind?"

Nach diesen Worten drehte sich Elsa wieder den Bäumen zu und ging weiter des Weges. Er führte abermals in den Wald hinein. Ich folgte ihr, dachte nach und schwieg.

Im Tal der Waldteufel

Unser Weg ging mit einem Mal steil bergab. Aha, dachte ich, da unten wird nun wohl jene Quelle sein, nach der wir suchen. Die Bäume standen wieder dichter, der Weg erschien schmaler. Unverhofft wurde es tatsächlich dunkler, wohl nicht, weil die Sonne unterging, sondern eher wegen der Tannen und Fichten, die sich nun von jeder Seite über den Weg krümmten und deren Wipfel sich beinahe berührten. So entstand ein spitzbogiges Dach aus Baumkronen, das fast an ein gotisches Gewölbe erinnerte. Gleichzeitig war es auffallend still geworden.

Während bisher das muntere Gezwitscher der Vögel uns begleitete, verstummte dies nun gänzlich. Ja, es wurde mir fast gar unheimlich zumute, aber Elsa schwieg, und ich fragte sie nicht nach dem Grund, weshalb sich die Stimmung im Wald so seltsam veränderte. Da raschelte es unverhofft im Gesträuch neben uns. Ich erschrak, Elsa jedoch ging ungerührt weiter. Eine Amsel war durchs Dickicht gehuscht und versteckte sich nun hinter einem knorrigen, moosbedeckten Baumstamm, der dort lag.

Der Weg flachte wieder ab, wir hatten eine Talsohle erreicht. Im fahlgrauen Licht, das spärlich durch das dichte Tannenreisig herabfiel, sah ich, wie vor uns der Weg in eine Art breiten Platz einmündete. Als wir diesen erreichten, blieb Elsa wortlos stehen und schaute sich um. Auch ich ließ meine Blicke suchend rundum kreisen. Auffallend war, dass von allen Seiten verschieden breite Wege zu diesem Ort führten. Und es kam mir blitzartig in den Sinn: Das ist es! Hier muss die Quelle sein!

„Ja, Wanderer, hierher, hierher! Ich bringe dich zur Quelle der Weisheit, hier entlang, hier entlang!"

Nein, es war nicht Elsas Stimme, die mich da zusammenzucken ließ. Das kreischende Fauchen kam von einem jener Wege, die von hieraus strahlenförmig in alle Richtungen verliefen. Erschrocken drehte ich mich um – die Stimme kam von hinten. Ich muss wohl kreidebleich geworden sein, als ich wenige Schritte vor mir eine kleine Gestalt vor mir herumspringen sah. Sie war in ein bunt schillerndes Gewand gehüllt, welches in grellen Farben leuchtete. Es war ein eigenartiges Männlein, das da vor uns von einem Bein aufs andere hüpfte.

„Folge meinem Weg, Wanderer, nur ich kenne ihn und bringe dich zur Quelle der Weisheit!", sagte es in beschwörendem Tonfall. Verdutzt schaute ich zu Elsa hinüber und blickte sie fragend an. Doch sie schien vollkommen unbeteiligt und starrte reglos vor sich hin. Das kauzige Wesen schwang in seiner Rechten einen goldenen Stab, auf dem obendrauf ein reich verziertes Krönchen saß. Mir kam er wie eine Art Zepter vor. „Alle Reichtümer der Welt werden dir zu Füßen liegen, wenn du aus der Quelle getrunken hast, die ich dir nun zeigen werde! Du wirst Macht besitzen, wie niemand sonst", sagte das Kerlchen.

„Hör nicht auf ihn! Komm zu mir, ich bringe dich auf dem schnellsten Weg zur Quelle."

Mein Kopf flog in die entgegengesetzte Richtung. Dort stand ein krummes Weiblein am Wege, in der Gestalt meiner Begleiterin nicht unähnlich. Ihre Augen glänzten weit aufgerissen aus einem zerklüfteten Gesicht. Die bucklige Frau streckte mir ihre knochigen Hände entgegen. Sie waren gefüllt mit vielen funkelnden Klümpchen, die wohl aus reinstem Gold waren, sodass es mich schier blendete.

Folge dem, in dessen Spiegel du dich selbst

erkennen kannst.

„Wenn du mir folgst", krächzte sie, „werde ich dir die Quelle zeigen und alle Kostbarkeiten der Welt gehören dir!" Mir stockte der Atem. Was waren das nur für Gestalten? Und wieder blickte ich Elsa hilfesuchend an. Doch sie schwieg.

„Ach, lieber Wanderer, schau doch mich an, schau mich an", kam es unerwartet von der anderen Seite her geflüstert. Erneut erschrak ich und zuckte zusammen. Neben mir erkannte ich eine wunderschöne junge Frau in einem schneeweißen Kleid und mit langen, goldenen Haaren. Sie stand barfüßig im weichen Moos. Ihr Blick zog mich unwiderstehlich in den Bann. Die Lippen leuchteten rot, der Mund war leicht geöffnet. „Ganz will ich mich dir schenken, liebster Wanderer, wenn du mit mir den Weg zur Quelle gehst", hauchte sie betörend. „Lass uns beide in sie eintauchen und eins werden."

Vorhin hatte ich davon gesprochen, dass ich mich auf dieser Reise durch den Degrieschenwald von nichts mehr verwundern lassen wollte. Nun, liebe Leserinnen und Leser, ihr werdet verstehen, dass bei dieser neuerlichen grotesken Begegnung mein Vorsatz nichts als Schall und Rauch blieb. Dort hüpfte in einem bunt gescheckten Kleid ein eigenartiges Männlein wie ein Kobold auf und ab, da versuchte mich eine alte Hexe zu blenden, und neben mir versprach eine schöne Fee die Erfüllung all meiner sinnlichen Träume. Doch was war nur mit Elsa?

Sie stand wie geistesabwesend neben mir. Auf meine Versuche, sie anzusprechen, reagierte sie nicht. Ich fühlte mich beklemmend allein. Panik überkam mich und ich wollte fliehen. Doch wohin? Überall da, wo meine Augen einen Fluchtweg suchten, waren nur schmale Pfade, die alsbald in einer nachtschwarzen Finsternis zu enden schienen. So blieb ich wie angewurzelt stehen. Erst nach einer mir endlos erscheinenden Zeit voll lähmender Angst, spürte ich, wie langsam das klare Denken wiederkam.

Ich begann zu verstehen, was diese eigenartigen Gestalten von mir wollten. Alles, was seit der ersten Begegnung mit Elsa vorgefallen war, kam mir vor wie in einem Märchen. Nun kannte ich mich in den Geschichten, die in den Märchen erzählt werden, recht gut aus, war ich doch schon immer ein Liebhaber von solchen fantastischen Erzählungen gewesen. Unverhofft war ich nun in ein solch wundersames Geschehen geraten – fragt mich bitte nicht wie – und nun musste ich mitspielen.

Sie versuchten mich also zu locken, jene Gestalten, so mein erster klarer Gedanke. Das koboldartige Kerlchen wollte mir Ruhm, Ehre und Macht schmackhaft machen, die Hexe meinte, mich mit Reichtum verführen zu können und die schöne Frau, ja, die hatte es allzu offensichtlich auf das Sinnliche abgesehen und wollte mich mit ihren weiblichen Reizen fangen. Ihr könnt euch kaum vorstellen, wie überlegen ich mir von einem Augenblick auf den anderen vorkam, als ich das alles von einem Moment auf den andern erkannte. Im Nu hatte ich die perfide Symbolik durchschaut. Nein, ihr kriegt mich nicht, dachte ich, mit einem Mal selbstsicher geworden. Solche Dinge reizen mich nicht – mich nicht!

Mutig stupste ich Elsa an den Arm und meinte, wir sollten doch lieber weitergehen und all die dubiosen Figuren einfach unbeachtet lassen. Ich wisse sehr wohl, dass sie uns nur täuschen wollten. Und Elsa schien durch meine Worte tatsächlich wieder aufzuwachen. „Natürlich gehen wir weiter. Mir kam zu keiner Zeit der Gedanke, dass du dich von einer dieser Gestalten beeindrucken lassen würdest."

Ah – sie hatte also gar nichts anderes von mir erwartet ... Dies stutzte den aufkommenden Stolz über meinen Widerstand den Versuchern gegenüber doch etwas zusammen. Für sie war meine Handlungsweise gar nicht so außergewöhnlich, wie sie mir ehrlicherweise selbst vorgekommen war. Ich hatte aber keine Zeit, mir darüber nähere Gedanken zu machen, denn Elsa fragte mich sogleich, welchen der Wege wir denn wählen sollten, wenn schon jene, welche die seltsamen Wesen angeboten hatten, nicht infrage kämen. Die Frage erschien mir doch ziemlich eigenartig, denn ich dachte, Elsa würde den richtigen Weg kennen. Warum fragte sie mich nach dem einzuschlagenden Weg? Auch darüber nachzudenken hatte ich keine Zeit, denn schon wieder sprach mich eine Stimme an. Als ich hinüberblickte, von wo sie kam, schaute ich in das gütige Gesicht eines alten Mannes, der unweit von mir in einem jener Wege stand.

Er hatte mich bei meinem Namen gerufen, was mich deshalb so erstaunte, weil mich während dieser Reise bisher niemand so direkt angesprochen hatte. Der Alte war von hagerer Gestalt und trug ein wallendes Gewand. Sein Gesicht wurde von einem langen, weißgrauen Bart umrahmt, und an seinen Füßen trug er Sandalen. Ein Wandermönch, ein alter Weiser, ein Guru. Solche Gedanken kamen mir in den Sinn, als ich den Mann vor mir stehen sah.

„Du hast die Prüfung bestanden", sagte er mit leiser Stimme. „Du hast bewiesen, dass materielles und irdisches Glück für dich nicht wesentlich sind. Daher darfst du den Weg zur Quelle der Weisheit betreten, auf den ich dich nun führen werde, und du wirst aus ihr trinken und erleuchtet werden."

Der Alte lächelte wohlwollend. Das weckte in mir Vertrauen. Ich fragte Elsa, ob wir nun mit diesem Mann weitergehen sollten. Doch meine Weggefährtin stand erneut wie leblos da, starrte vor sich hin und antwortete nicht auf meine Frage. Und wieder war ich irritiert und ratlos.

„Schau her", sagte der Alte ruhig, „Elsa hat dich bis hierher gebracht. Das war ihre Aufgabe. Nun aber bin ich fortan dein Führer. Dem Irdischen hast du entsagt, somit werden deine Früchte jetzt geistiger Art sein. Die große Erleuchtung wartet auf dich. Lass deine Begleiterin hier dankbar zurück. Die hat ihre Arbeit getan. Nun bitte ich dich, mir zu folgen."

Der Mann hatte sich umgedreht und war schon im Begriff, auf dem schmalen Pfad in die Tiefe des Waldes weiterzugehen. Doch ich wagte es nicht, auch nur einen Schritt zu tun. Eindringlich fragte ich Elsa nach ihrer Meinung. Weshalb bloß antwortete sie mir nicht? Der weise Alte schien meine Zweifel zu bemerken.

„Weshalb bist du unsicher?", fragte er mich. Dabei tat er wieder einige Schritte auf mich zu. „Leider kann dir Elsa nun nicht mehr weiterhelfen. Der letzte Schritt verlangt von dir eine ganz persönliche Entscheidung. Ich bin der Hüter der Quelle der Weisheit. Wer für würdig befunden wurde, aus ihr zu trinken, den führe ich zu ihr. Und du bist würdig, bist reif für die höchste aller Erkenntnis, bist ausersehen, mit kosmischer Liebe getauft zu werden. Du kannst diesen Weg aber nur gehen, wenn du jetzt alle Zweifel und jedes Misstrauen hinter dir lässt. Bedenke: Dies ist deine letzte Prüfung. Bleibst du jetzt stehen, wirst du die Quelle niemals sehen, nie aus ihr trinken, nie in das große Meer der Erleuchtung eintauchen. Dann wird alles umsonst gewesen sein. Die Enttäuschung wäre nicht nur für dich, sondern auch für Elsa abgrundtief. Sie ist mit dir den ganzen Weg gegangen, hat dich die ersten Weisheiten gelehrt und hat deiner suchenden Seele vertraut. Enttäusche sie nicht. Es liegt nun an dir." Nachdem der Mann dies gesagt und mich dabei mit gutmütigem Blick angesehen hatte, drehte er sich erneut um und ging mit langsamen Schritten in den Wald hinein.

Ja, nun lag alles an mir. Jetzt, in dieser Minute, in dieser Sekunde, musste ich mich entscheiden. Und die letzten Worte des Weisen ließen das Vertrauen in ihn wachsen und letztlich größer werden als meine Ängste und meine Zweifel. Ich schaute nochmals hinüber zu Elsa. Noch immer stand sie regungslos da und starrte in den Wald hinein. Ob ich nun mit ihm gehen solle, fragte ich leise. Eine Antwort bekam ich nicht. Ich warf ihr einen kurzen, verlegenen Blick zu, dann wandte ich mich zögerlich von ihr ab und begann dem Mann zu folgen. Schon nach wenigen Schritten aber wandte er sich erneut mir zu.

„Hast du nicht etwas vergessen?", fragte er mich und deutete mit einem Blick seiner Augen auf das alte Fraulein hinter uns. Ich hielt inne. Ja, das hatte ich wohl. So drehte auch ich mich um und sah nochmals zu Elsa zurück. „Danke, Elsa, gute Frau", sagte ich mit wehmütigem Ton. „Danke für alles." Dann ging ich mit dem alten Mann den Weg weiter in den Wald hinein. Von mir wurde eine Entscheidung verlangt. Und ich hatte mich entschieden.

Wir waren noch nicht lange hintereinander hergegangen, als ich bemerkte, wie es auf dem Rücken des Alten merkwürdig zu flackern begann. Das Gewand schillerte plötzlich auf seltsame Weise. Als ich genauer hinsah, erkannte ich, dass die Kutte wie eine Art Spiegel war. Ich sah dort den Weg, die Bäume links und rechts, im Hintergrund stand schon weit entfernt Elsa, und in der Mitte erkannte ich mich selbst daher schreiten. Darüber war ich verwundert. Doch halt, was war das? Nun erschrak ich. Der, der da im Spiegel ging, war gar nicht ich, sondern jener Mann in seinem wallenden Gewand. Ich sah in einen Spiegel und erkannte mich als Fremden. Mein Spiegelbild war das des Alten, der vor mir ging!

Wie vom Blitz getroffen blieb ich stehen und starrte gebannt auf die glitzernde Fläche an der Kutte. Der Mann vor mir schritt behäbig weiter, und ich sah in dem Spiegel, wie mein Spiegelbild nicht wie ich stehenblieb, sondern ebenfalls weiterging. Von ganz tief innen überkam mich plötzlich eine entsetzliche Furcht, und mit sich überschlagender Stimme schrie ich dem Alten ein grelles „Nein!" entgegen. Ich zitterte am ganzen Körper. Angstschweiß stand mir auf der Stirn. Der Mann vor mir blieb nun ebenfalls stehen.

Und nochmals schrie ich, nein, brüllte ich es aus mir heraus: „Nein! Nein! Nein!"

Da verdunkelte sich das Gewand des Alten, das Spiegelbild verschwand, die Kutte verwandelte ihre Farbe in ein feuriges Rot. Noch immer stand er mit dem Rücken zu mir. Doch nun begann er am ganzen Körper zu zittern, anfangs fast unmerklich, dann aber immer heftiger werdend. Aus dem Zittern wurde ein Beben, und ich hörte ein Grollen, ein Fauchen, ein Toben und Schnauben, und da: Das Wesen drehte sich um.

Kein weiser Alter, kein Guru, kein Erleuchteter. Und kein Lächeln. Es war das kalte Grauen, das mir pfeilscharfe Blicke ins Gesicht schleuderte. Eine abgrundhässliche Fratze, ein Dämon, ein Teufel! Dann brüllte das Wesen auf. Es war kaum mehr als Mensch zu bezeichnen. Es riss den Rachen auf, und dann kam es auf mich zu. Und ich, ich konnte mich nicht mehr regen, stand da wie gelähmt. Immer näher kam es, und näher und näher. Dann kam die Nacht über mich.

Als ich wieder zu mir kam, blickte ich in das freundliche Gesicht von Elsa. Ich lag auf dem Boden. Elsa kniete neben mir und hatte meinen Kopf in ihren Schoß gelegt. Sanft strich sie mit ihren Fingern durch mein Haar. „Noch einmal gut gegangen, nicht wahr?", sagte sie leise lächelnd.

„Du kannst aufstehen, Wanderer, es ist vorbei. Und dir ist nichts geschehen, das ist das Wichtigste." Als ich mich, wohl noch am ganzen Leibe zitternd, aufrichtete, benötigte ich lange Minuten, um wieder klar bei Sinnen zu sein. Dann aber überschüttete ich Elsa mit Fragen. Ich wollte wissen, was da los war, wollte wissen, wer mich so täuschen und zu Tode erschrecken konnte.

„Ach, das war nur einer der Waldteufel, so wie auch die Fee, die Hexe und der Kobold nichts weiter waren als Waldteufel. Sie kommen immer dann, wenn ein Wanderer auf dem Weg durch den Wald die Orientierung zu verlieren droht." Was passiert wäre, hätte ich mich entschieden, mit dem Alten mitzugehen, fragte ich nach. „Nicht viel, Wanderer." Elsa lächelte, hatte dabei aber einen traurigen Ausdruck im Gesicht. „Du hättest dich am Waldrand liegend wiedergefunden, wärst der Meinung gewesen, nur eingenickt zu sein und hättest deinen Weg fortgesetzt, ohne Erinnerung an all das, was hier geschehen war. Auch mich und unsere Begegnung hättest du vergessen. Und die Quelle der Weisheit." Elsa senkte den Kopf und ging einige Schritte voran.

„Fast hätten sie dich ja gekriegt. Ich hatte schon Angst um dich. Aber du hast es ja im letzten Augenblick noch gemerkt." Da fiel mir wieder ein, wie dieses dämonische Wesen auf mich zukam und ich völlig erstarrt dastand. Warum es mich nicht getötet habe, löcherte ich Elsa weiter.

„Du hast ja laut und deutlich Nein gesagt. Wer Nein sagt, dem können die Waldteufel nichts antun, auch wenn sie noch so fauchen und brüllen." Dann sagte Elsa, dass es nun Zeit wäre, weiterzugehen. Wir würden wohl noch eine Weile brauchen, bis wir die Quelle erreichten. Ja, aber welchen Weg wir denn nun nehmen sollten, fragte ich sie, hellwach geworden. „Das ist völlig gleichgültig", meinte das Fraulein an meiner Seite. „Da du zu allen Waldteufeln Nein gesagt hast, führt jetzt auch jeder Weg zur Quelle. Komm!"

Elsa schritt auf den nächstgelegenen Weg zu, der von diesem eigentümlichen Platz wegführte. So gingen wir gemeinsam wieder in den Wald hinein.

Der blaue Kristall

Der Pfad war so schmal, dass wir erneut hintereinandergehen mussten. Um uns war es fahl und duster, und die dunkelgrünen Äste krümmten sich ein weiteres Mal über unseren Köpfen. Es ging wieder bergauf. Mich beschäftigte das Geschehen noch lange. Noch immer konnte ich mir nicht erklären, was da geschehen war. Gerade die Sache mit dem alten Weisen, der keiner war, ging mir nicht aus dem Sinn.

Ich hatte mich also täuschen lassen von einem jener Waldteufel, die offenbar jede Gestalt annehmen konnten. Dass aber ein solch dämonisches Wesen die Maske eines weisen und gütigen Mannes aufzusetzen vermochte, überraschte mich sehr. Wie kann ein Teufel von Erleuchtung, Erkenntnis und kosmischer Liebe reden? Dann dachte ich auch über meine eigene Reaktion nach, als ich das Spiegelbild auf dem Rücken jenes Mannes erblickte und mich selbst in der Gestalt des Alten erkannte. Eine mir unerklärliche Abwehr überkam mich da. Warum? Und warum erst beim Anblick des seltsamen Spiegelbildes? Hätte ich mich nicht einfach nur wundern und meiner Neugier folgend weitergehen können? Was hielt mich zurück?

Während ich so mit meinen Gedanken beschäftigt war, bemerkte ich gar nicht, wie wir aus dem dichten und engen Waldstück in eine helle Lichtung herausgetreten waren. Vor uns breitete sich eine ungemein farbenfrohe Wiese aus, ähnlich der, wo der traurige Mönch seine Grotte hatte, nur größer. Die Sonne stand noch immer hoch am Himmel und warf ihre wärmenden Strahlen auf die idyllische Waldwiese. Wir blieben stehen, hoben unsere Gesichter dem wohltuenden Licht entgegen und atmeten befreit durch.

„Bleiben wir doch für einige Minuten an diesem schönen Ort und ruhen uns ein wenig aus", sagte Elsa und deutete zu einer Reihe von gefällten Baumstämmen, die längs des Weges lagen. „Setzen wir uns."

Dies taten wir auch. Ich spürte die Wohltat, die Beine ausstrecken zu können und die angespannten Muskeln zu lockern. Dazu bemerkte ich, dass ich seltsamerweise weder Hunger noch Durst verspürte. Aber ich begann erst gar nicht, auch noch darüber nachzugrübeln. Das, was die Waldteufel mit mir angestellt hatten, ließ meine Gedanken nicht zur Ruhe kommen. So musste ich Elsa ein weiteres Mal fragen, was es mit diesem angeblich weisen Mann auf sich hatte und dem seltsamen Spiegelbild auf seinem Rücken. Meine Weggefährtin lauschte meinen Fragen aufmerksam.

„Weißt du, Wanderer", begann sie schließlich, „wenn die Waldteufel merken, dass du auf irdische Güter und Freuden nicht ansprichst, dann verheißen sie dir eben Geistiges. Wie süß sie dann reden können! Jemand, der ihr wahres Wesen nicht kennt, käme nie auf den Gedanken, dass sie nur nach einem streben: nach Macht. Bist du dann mit ihnen mitgegangen, werden ihre Gedanken zu deinen Gedanken. Schließlich gibst du dich ganz auf, du wirst zu ihrem willenlosen Werkzeug und nimmst jedes Wort für bare Münze, das aus ihrem Munde kommt. Verstehst du jetzt, warum du dich selbst als jenen Alten im Spiegel gesehen hast?"

Ja, so langsam begann ich zu begreifen. Ich war kurz davor, ahnungslos in ihre Macht zu gelangen. Das Spiegelbild hatte es mir gezeigt. „Es war gut, dass du noch alles recht

*Es gibt Menschen, die von sich aus durchleuchtend
sind. Ihr größter Lohn ist es, wenn jemand sagt:
Du bist ein Engel.*

zeitig durchschaut hast, auch wenn du wohl in jenem Augenblick gar nicht wusstest, was dich da zurückhielt. Du hast auf dein Unbewusstes gehört, auf deine innere Stimme, das war gut!" Und dann fügte Elsa noch sehr nachdenklich hinzu:

„Es gibt unzählige solcher Waldteufel entlang des Weges, und viele Menschen werden von ihnen eingefangen. Die aber, die mit den größten aller Erleuchtungen locken, mit der wahrsten aller Wahrheiten und dem höchsten Glück, diese sind die schlimmsten. Man muss stark sein, will man ihnen widerstehen. Wer aber, der auf der Suche und für alles offen ist, hat schon diese innere Stärke?"

Sie hatte recht, fast wäre ich auf einen solchen Wolf im Schafspelz hereingefallen. Ich wusste noch immer nicht, was es eigentlich war, das mich vom Weitergehen abhielt. So saßen wir nun nachdenklich auf dem Baumstamm, und ein würziger Duft von Harz umwehte uns. Ein leichtes Säuseln ließ die Halme der Gräser und Blumen vor uns auf und ab tanzen. Woran man denn erkenne, welchem Meister man folgen solle, fragte ich nachdenklich.

„Folge dem, in dessen Spiegel du dich selbst sehen kannst." Elsa lächelte weise. Nun begann ich zu verstehen. Als wir eine Weile die Ruhe und Stille um uns genossen hatten, blickte sich Elsa aufmerksam um. Nachdem ihre Augen kurz hin und her geschweift waren, schien ihr Blick an etwas in der Ferne haften zu wollen. Ich schaute dort hinüber und konnte mitten in der Wiese einen kleinen Steinhaufen erkennen, auf dem etwas Blaues zu funkeln schien. Mit einer leichten Kopfbewegung deutete sie in die Richtung des Blinkens. „Siehst du, wie es dort drüben funkelt? Wir sollten einmal hinübergehen, ich denke, dort finden wir etwas Wichtiges." Kaum hatte Elsa dies gesagt, war sie schon aufgesprungen und ging schnurstracks auf die aufgeschichteten Steine in der Wiese zu. Ich folgte ihr und war gespannt, welche neuen Erkenntnisse auf mich warteten.

Als ich an der Stelle angelangt war, hatte sich Elsa schon zu den Steinen niedergekniet. Ihre Finger berührten mit großer Vorsicht einen blauen Kristall, von dem jenes Funkeln ausging, das wir von unserem Ruheplätzchen aus hatten sehen können. „Wie schön", sagte sie und begann eine Melodie zu summen. Und schließlich fing sie an, leise zu singen:

Sein Licht, durch mich,
es sei für dich.
Wenn Glück ist dein,
so ist's auch mein.

Sie wiederholte die Strophe immer wieder und zwischendurch summte sie auch nur die Melodie. Die Worte blieben mir allerdings unverständlich. So ging es eine ganze Weile, ehe Elsa zu mir blinzelnd hochblickte und sagte: „Dieser Kristall hier trägt eine wichtige Botschaft in sich. Aber auch eine, die für viele ernüchternd ist. Deshalb wollen sie nur wenige hören." Nun ging auch ich in die Knie und betrachtete den Kristall von Nahem. Er war wie Glas, durchsichtig, mit einem hellblauen Schimmer. Er erinnerte mich an einen großen Bergkristall. Das Sonnenlicht durchstrahlte ihn und sorgte für das Funkeln, das uns beeindruckt hatte.

„Und der Kristall hat auch etwas mit Weisheit zu tun", fuhr meine Begleiterin fort. „Er kann dir die Frage beantworten, was es mit Erleuchtung auf sich hat und welche Gefahren in ihr liegen." Das nun war wieder solch eine seltsame Äußerung, von denen Elsa auf unserem gemeinsamen Weg ja schon mehrere von sich gegeben hatte. Sie machte es einem nicht leicht und zwang mich immer wieder zum Innehalten und Nachdenken. Wir schwiegen eine Weile, dann fragte ich sie, ob die Botschaft des Kristalls etwas mit dem zu tun habe, was wir bei den Waldteufeln erlebt hatten. Elsa lächelte und sagte: „Ja, das ist gut möglich – Nein, das ist vielmehr ganz gewiss so ..." Dabei schaute sie wieder zum Kristall und ließ ihre Finger vorsichtig über seine glattgeschliffene Oberfläche gleiten. Nach einer Weile stand sie auf, blickte zu den Wolken und blinzelte vorsichtig in Richtung der Sonne, die sich nun langsam den Tannenspitzen des Waldes genähert hatte.

„Man sagt uns", begann sie zu mir zu sprechen, „Erleuchtung sei das größte und letztendliche Ziel der spirituellen Erkenntnis. Im erleuchteten Zustand habe man alles erreicht und das Ziel des Lebens gefunden. Da bin ich mir nicht so sicher. Wer die Botschaft des blauen Kristalls gehört und verstanden hat, denkt anders über solch große Begriffe nach." Was Elsa sagte, verunsicherte mich. Was hat sie denn gegen Erleuchtung? Alle Religionen und spirituellen Lehren sagen doch, wie zentral wichtig eine solche ist, um ein letztlich vollkommen gereifter und weiser Mensch zu sein, der alles irdische Verhaftetsein überwunden hat.

„Das klingt für deine Ohren nun doch etwas zu seltsam, nicht wahr, Wanderer?" Elsa war wirklich in meinen Gedanken zu Hause ... „Nein, ich habe nichts gegen Erleuchtung", versuchte sie mich zu beruhigen. „Ich denke nur, sie als einziges und letztes Ziel anzusehen, passt nicht ganz. Es gibt noch etwas Wichtigeres. Was das ist, zeigt dir dieser Kristall hier." Bei diesen Worten warf sei mir einen geheimnisvollen Blick zu. „Es hat auch etwas mit Licht zu tun", fügte sie noch hinzu. Dabei legte sich das freundliche Lächeln in ihr Gesicht, das ich inzwischen kannte.

„Das Funkeln des Kristalls kommt nicht von ihm, nicht wahr?" Elsa stellte sich nahe neben mich und gemeinsam blickten wir auf den Kristall, der bläulich flackernde Lichter in unsere Gesichter warf. Natürlich hatte sie recht. Das

Funkeln war das Licht der Sonne, das sich im durchsichtigen Kristall brach und sich in unzähligen feinen Strahlen und Funken zerteilte, die sich über die Landschaft legten. „Der Kristall leuchtet. Aber ist es nicht so, dass das Licht der Sonne durch ihn hindurchleuchtet, weil er für das Sonnenlicht gänzlich durchlässig ist?"

Es schien, als wollte mich meine Wegbegleiterin mit ihren Fragen immer näher an das heranbringen, was sie die Botschaft des blauen Kristalls nannte. Es musste etwas mit Leuchten zu tun haben, mit dem Selberleuchten und dem Durchleuchten. Wo aber lag der Sinn dahinter? Sollte etwa das Durchleuchtenlassen des Lichts wichtiger sein als das Selberleuchten? Während sich in meinem Kopf die Gedanken hin- und herdrehten, sah mich Elsa weiterhin lächelnd und mit großen Augen an. „Ja!", sagte sie nur. Und ich lachte zurück. So war sie, Elsa.

„Sieh her, Wanderer", begann sie ihre ausführliche Erklärung, „Erleuchtung hat immer etwas mit Erkenntnis zu tun. Erleuchtete wissen um die tieferen Zusammenhänge, haben Kenntnis der geistigen Welt. Es sind Wissende. Sie wissen um die Geheimnisse hinter allen Erscheinungen. Das bringt ihnen eine innere Ruhe und Gelassenheit, weil sie nicht mehr im Unwissen umherirren wie all die anderen. Nun können sie aber auf dieser Stufe der Erleuchtung stehenbleiben. Dann werden sie zu Meistern, geistigen Führern und Lehrern. Andere, die noch nicht soweit sind, scharen sich um die Weisen und sie geben ihre Erkenntnis an die Suchenden weiter. Die Gefahr dabei ist, dass durch das Aufschauen dieser Anderen wieder ihr Ego gekitzelt wird, das sie doch schon längst überwunden glaubten. So kann ihre Erleuchtung sie doch wieder zurückwerfen, während sie nach außen weiter als Erleuchtete ehrfürchtig bewundert werden. Du siehst: Waldteufel gibt es nicht nur hier im Degrieschenwald. Sie lauern überall und nicht ein einziger Erleuchteter ist vor ihnen gefeit." Gemeinsam sahen wir zum Kristall hinüber und staunten über die farbigen Strahlen, die er in die Gräser und Blumen warf.

„Erleuchtung darf weder Endpunkt noch Selbstzweck sein, sondern der letzte Schritt hin zum wahren Ziel. Und das heißt Durchleuchtung. Aber was ist Durchleuchtung?" Die Frau blickte mich wieder an, so, als wolle sie die Antwort auf diese Frage nun von mir hören. Ich war selbst überrascht, als ich ihr ohne Nachzudenken sogleich antwortete und sagte, man müsse sich wohl völlig leer machen. Da wurde der Ausdruck in Elsas Gesicht weit. Mit gütigen Augen schaute sie mich an, ergriff meine Hand und sagte leise: „Ich glaube, ich höre schon das Gluckern der Quelle. Es wird Zeit ...."

Dann drückte sie mir nochmals fest die Hand, drehte sich zum nahen Waldrand und ging weiter. „Nun komm!"

Fröhlicher Totentanz

Als wir die Lichtung mit dem blauen Kristall hinter uns gelassen hatten, führte der Weg erneut in den Wald hinein. Elsa ging mit strammen Schritten voran, und ich musste mich sputen, um ihr folgen zu können. Es dauerte einige Zeit, bis ich auf sie aufgeschlossen hatte. Nachdem wir eine Weile ohne ein Wort zu wechseln nebeneinander hergegangen waren, fragte ich sie nochmals nach der Botschaft des blauen Kristalls. So ganz verständlich war sie mir noch nicht erschienen. Wie soll man sich eine Durchleuchtung vorstellen, wie einen durchleuchtenden Menschen?

„Das Wichtigste ist doch immer das Licht", antwortete meine Begleiterin. „Und wenn es das Wichtigste ist, dann gibt es auch nichts Bedeutenderes, als dass dieses Licht in die Welt strahlen kann. Manche nennen es das Ewige, das Höchste, das Eine, Heilige oder einfach nur Gott. Egal, immer ist es jene Ebene, die über uns hinausreicht, und die wir niemals völlig erkennen können. Hierzu braucht so etwas wie Spiritualität. Oder auch nur ein demütiges Annehmen, ein ehrfürchtiges Loslassen des Egos. Annehmen und Loslassen sind Voraussetzungen, dass ein Mensch für den Schein dieses Höchsten durchlässig wird. Und indem er sein Ego hergibt, wird ihm ein unermesslicher Lohn zuteil, den der grenzenlosen inneren Freiheit nämlich. Durchleuchtende Menschen sind Menschen, die ihre Wanderung hin zur Erleuchtung gegangen sind, letztlich aber wieder am Ausgangspunkt ihres Weges angelangt sind. Jedoch sind sie den Weg nicht im Kreis gegangen, sondern in einer Spirale, die nach oben führt. Sie sind wieder am Beginn angekommen, aber auf einer höheren Ebene."

Elsa schaute mich mit fast schon verklärtem Blick an. „Vielleicht ist das noch etwas zu viel für dich, Wanderer. Man muss das ja auch nicht begreifen. Viel wichtiger ist es, dass man es lebt. Oder zumindest, zu leben versucht. Und das kann man auch ohne dass man es begreift."

Schweigend gingen wir weiter. Die Sonne stand schon tief und beim Gehen blinzelten ihre Strahlen durch die Baumstämme in unsere Gesichter. Ob man denn erst erleuchtet werden müsse, ehe man durchleuchtend werden könne, wollte ich von Elsa wissen. „Aber nein", antwortete sie lächelnd. „Das ist ja das Schöne daran. Durchleuchtung setzt gar keine Erleuchtung voraus. Es gibt Menschen, die von sich aus durchleuchtend sind, ohne die geheimen Zusammenhänge des Kosmos und der Schöpfung verstanden zu haben. Sie haben einfach keinen Bezug zur Entwicklung des eigenen Egos. Vielleicht freuen sie sich einfach, Gutes zu tun. Vielleicht nährt sich ihre Seele vom dankbaren Lächeln anderer, denen sie helfen können. Vielleicht ist es ihr größter Lohn, wenn jemand sagt: Du bist ein Engel."

Elsa blickte hinauf in die Wipfel der Bäume. „Ja, Engel. Kann sein, dieses Wort trifft es am besten." Wir gingen weiter. Um uns herum wurde es stiller. Nach und nach wandelte sich das Bild des Waldes. Zwischen dem dunklen Grün der Nadelbäume begann es goldgelb zu schimmern. Dann wichen die Tannen entlang unseres Weges auch schnell alten und mächtigen Kastanien, die in ihrem Herbstkleid leuchteten. Als wir uns ihnen näherten, kam es mir vor, als sei das Licht am Himmel über uns spürbar geringer geworden. So erschienen die welken Blätter jener Bäume schon bald düster in einem fast erdigen Braun. Dann kam ein kalter Wind auf, der die Baumkronen der Kastanien dumpf rauschen ließ. Der Weg war mit vielen abgefallenen Blättern übersät, die zu rascheln begannen, als wir durch sie hindurchschritten.

„Blätterfriedhof", sagte Elsa, blieb stehen und zog mit ihrer rechten Fußspitze einen Halbkreis durch das Laub. Dann blickte sie hinauf in die Äste. „Schau, Wanderer, wie die, die noch oben sind, in ihrem braungelben Totenkleid tanzend zu uns herüberwinken." Auch ich war stehengeblieben und schaute nach oben, wo die Blätter im kühlen Wind hin- und herschaukelten.

„Totentanz", meinte Elsa wortkarg. Wir mochten wohl eine ganze Weile so dagestanden haben, den Blick schweigend nach oben gerichtet. „Hörst du, Wanderer", durchbrach meine Begleiterin die kühle Stille, „hörst du, wie das

Pfeifen des Windes dem Rauschen eines Donauwalzers gleicht und das Rascheln der Blätter wie fröhliches Gelächter klingt? Sie tanzen mit ihrem Tod. Und der Tod mit ihnen. Sie winken, sie tanzen, sie lachen und sie wissen: morgen vielleicht schon sind sie tot." Elsa sah mich wieder an und lächelte. „Was wohl wissen sie mehr als wir?"

Sie ging weiter. Ich folgte ihr mit etwas Abstand. Auf ihre Frage konnte ich keine rechte Antwort finden, außer, dass es wohl möglich sei, die Natur unterschiedlich zu betrachten. Vielleicht spreche die Natur zu einem, wenn man das, was um uns herum ist, mit anderen Augen sieht. So könne man wohl einiges lernen, sagte ich.

„Gut. Sehr gut!" Elsa krönte ihre lobenden Worte mit einem sanften und gütigen Lächeln. „Die Augen des Kopfes zeigen nur das eine Bild, jene des Herzens das andere. Du lernst." Elsa behielt ihr Lächeln und fasste mich am Arm.

„Der Kopf sagt uns, dass die Blätter kurz vor dem Abfallen sind. Bald werden sie sterben und liegen vertrocknet auf dem Waldboden. Was sieht er, wenn er die im Wind hin- und hertanzenden Blätter betrachtet? Einen traurigen Totentanz. Ist das aber traurig, was du da oben in den Baumkronen sehen und hören kannst?"

Nein, traurig war das nun wirklich nicht. Es hörte sich in der Tat wie ein fröhliches Lachen an. „Siehst du", fuhr Elsa fort, ohne auf eine Antwort zu warten. „Wir beide haben mit den Augen des Herzens in die Bäume geblickt, nicht mit jenen des Kopfes. Was wohl lehrt uns das?" Die kleine Frau blieb stehen und schaute mir freundlich in die Augen. Da musste auch ich lächeln, zog die Augenbrauen hoch, legte den Kopf in den Nacken und blickte nochmals empor in die Wipfel der Bäume. Mir war es eigentümlich friedlich ums Herz. Und ich antwortete, dass es selbst im Angesicht des Todes möglich sein kann, dem Leben dankbar zuzulächeln. Elsas Augen bekamen einen liebevollen Glanz. Fast hatte ich den Eindruck, es stiegen in ihnen winzige Tränen der Rührung auf. Sie senkte den Blick und nickte. „Lächeln, ja, Wanderer. Lächeln, das ist es. Wo bleibt Platz für die Angst, wenn wir lächeln?"

„Komm, lass uns weitergehen." Mit großen Augen sah sie wieder auf, lachte mich an und drehte sich um. So setzten wir unsre Reise fort, ließen die alten Kastanien hinter uns, und alsbald waren wir wieder von den wohlbekannten Tannen und Fichten umgeben. Ja, es war doch einiges in mir vorgegangen. Diese Reise mit der seltsamen Frau durch diesen Wald und die oft mysteriösen Begebenheiten hatten auf mich eine nicht zu leugnende Wirkung. Doch was das war, das da in mir vorging, konnte ich nicht beschreiben.

Es war ein fremdartig anderes Gefühl in mir, nicht im Kopf, nicht in den Gedanken, irgendwo im Bauch oder ums

Herz herum war es spürbar. Auf einmal wurde mir bewusst, dass es zu dämmern begann. Das Licht um uns herum wurde immer weniger. Als ich meinen Blick zum Himmel richtete, der als schmaler Streifen zwischen den Reihen der Baumkronen über uns zu erkennen war, merkte ich, wie dunkel das Blau schon geworden war. Fast von einer Minute zur nächsten war es Abend geworden. Kann sein, die Sonne hatte das Firmament schon verlassen.

In einem verschleiernden Dämmerlicht gingen wir weiter. Mir wurde zunächst etwas bange, als sich der Gedanke an die hereinbrechende Nacht aufdrängte. Bald jedoch spürte ich in mir eine stille Zuversicht. Ich fühlte mich eigentümlich geborgen. „Es ist nun bald soweit, Wanderer", sagte Elsa in ruhigem Ton, und nach wenigen Schritten war es Nacht. Wie ein schwarzes Tuch hüllte uns die Finsternis ein.

Die Bäume neben mir konnte ich nur noch erahnen, ebenso den Weg, auf dem ich mit Elsa weiterging. Doch es sollte eine kurze Dunkelheit werden. So etwas wie Vorfreude fühlte ich in mir, ein Gefühl wie in Zeiten der Kindheit kurz vor Heiligabend. „Unser Weg macht gleich eine Biegung nach rechts", hörte ich Elsa neben mir sagen. Auch sie nahm ich nur noch in schemenhaften Umrissen wahr. „Dann sehen wir gleich ein Licht in der Ferne. Wenn wir dieses erreicht haben, sind wir am Ziel unserer Reise."

Geh deinen Weg. Geh ihn immer mit offenen Seelen-
augen. Und geh ihn immer lächelnd.

Liebe Leserinnen, liebe Leser, ich möchte euch nicht länger auf die Folter spannen. Es war genauso, wie Elsa sagte. Schon bald erblickte ich nicht allzu weit entfernt ein funkelndes Licht. Wir mussten nur einige Schritte gehen, bis in seinem Schein schon Umrisse zu erkennen waren. Das Licht kam aus einer Laterne, die an der Dachrinne einer Hütte baumelte und sich im Wind hin- und herbewegte. Mit jedem Schritt, den wir näher kamen, hellte sich vom Horizont her auch der Himmel schon wieder auf. Dann standen wir vor einem kleinen Holzhaus. Und im sich mischenden Licht des Morgengraus und der Laterne wurde mir augenblicklich bewusst: Ich kannte diese Hütte.

Am Ziel

Um uns herum begannen die Vögel einen fröhlichen Morgengesang. Als wir die Hütte erreichten, fielen die ersten Sonnenstrahlen eines neuen Tages durch die Tannenzweige. So schnell wie es Nacht wurde, kam auch der neue Morgen. Und ich stand reglos, mit wohl weit aufgerissenen Augen vor dieser Hütte. Ja, sie war es: Elsas Hütte, von wo wir aufgebrochen waren.

Elsa war einige Schritte weitergegangen, drehte sich zu mir um und sagte freundlich lächelnd: „Ja, Wanderer, wir sind wieder daheim". Wieder daheim? Nein, das durfte nicht wahr sein! Mir schossen die wildesten Gedanken durch den Kopf: Hat sie mich an der Nase herumgeführt? War das nichts als ein übler Scherz? Ein Betrug? War sie auch einer jener Waldteufel? Eine Hexe? Elsa bemerkte rasch, was in mir vorging.

„Was stehst du so einfältig da!", lachte sie, „Willst du wenige Schritte vor dem Ziel haltmachen?" Wenige Schritte vor dem Ziel? Ich war wie vor den Kopf gestoßen. „Komm, Wanderer, komm!" Das alte Fraulein hüpfte fröhlich auf die Tür der Hütte zu und öffnete sie. „Komm doch herein, na los!" Elsa sang die Worte fast. Halb benommen folgte ich ihr und trat in die Hütte ein. Warmes Morgenlicht erfüllte den Raum.

Er war noch so, wie wir ihn verlassen hatten. Der Fußboden blitzte, in der Mitte stand der schön gedrechselte Tisch mit den geschwungenen Beinen, um ihn herum die zwei gepolsterten Stühle. In dem Spülstein nahe der Tür sah ich noch die zwei Teller, die zwei Becher und den Krug stehen. Doch halt, etwas war anders. Was war das für ein Geräusch? Von irgendwoher plätscherte es. Meine Augen folgten sogleich dem hellen Gluckern.

Mein Gott! Die goldenen Strahlen der aufgehenden Sonne fielen durch eines der vier kleinen Fenster des hölzernen Häuschens wie gebündelt auf einen Fleck in der Ecke des

Raumes. Dort hatte sich der Fußboden geöffnet und die übergroße, bauchige, im hellen Licht goldgelb leuchtende Blüte einer Frauenschuhorchidee ragte an einem fast mannshohen Stängel mächtig in die Höhe. War dieser Anblick schon äußerst eigenartig, so verwunderte es mich erst recht, als ich einen Schritt näher trat und aus der Blüte klares Wasser sprudeln sah, das wie dicke Regentropfen von allen Seiten des Blütenbauches zur Erde fiel und sich am Grunde der Pflanze in einem kleinen See sammelte.

„Hier ist sie, die Quelle der Weisheit." Unmerklich war Elsa hinzugetreten und stand nun dicht bei mir. „Ist sie nicht schön?" Ja, das war sie: eine göttliche Blume, ein Wunder der Natur. In meiner Verzückung brauchte es eine ganze Weile, bis mein Kopf wieder zu arbeiten begann. Wo kam plötzlich diese Blume her? Sie war doch gar nicht hier, als ich mit Elsa vor einer Weile noch in diesem Raum zusammensaß. Ohne zu zögern, stellte ich diese Fragen der immer noch sanft lächelnden Frau neben mir.

„Aber sie war doch hier, Wanderer. Schon immer war die Quelle der Weisheit hier." Elsa antwortete ruhig und es hörte sich an, als sei das alles für sie das Selbstverständlichste auf der Welt. Das aber konnte ich nun beim besten Willen nicht glauben. Wie hätte ich eine so große Pflanze übersehen können? Aus der zudem wie aus einer Quelle Wasser quoll? Elsa ging zum Tisch und rückte cinen der

Stühle etwas zurecht. „Komm und setz dich erst einmal. Lass dir das Geheimnis der Quelle erklären."

Ohne zu zögern, folgte ich ihrer Aufforderung.

Deine Weisheit

„Was ist für dich eigentlich Weisheit?" Ich saß mit zusammengepressten Knien auf dem weichen Stuhl, während sich meine Gastgeberin zu mir setzte. Wohl war ich von allem noch zu verblüfft, als dass ich sogleich eine Antwort hätte geben können. So herrschte eine ganze Weile eine eigenartige Stille, die ganz durch das leise Plätschern der seltsam lebendigen Quelle in der Ecke der Hütte ausgefüllt wurde. Diese riesige Orchidee beeindruckte mich derart, dass ich kaum meinen Blick von ihr wenden konnte. Ihr großer Blütenbauch strahlte im Morgenlicht, und das frische Wasser funkelte in allen Farben des Regenbogens. Als ich dann doch einmal zu Elsa hinüberblickte, sah ich, wie ihre großen Augen mich freundlich aber tiefgründig anschauten. Sie wartete geduldig auf meine Antwort.

Ja, was ist Weisheit? Ich senkte nachdenklich den Blick. Wie kann man auf solch eine Frage eine schnelle Antwort geben? Meine Gedanken konnten sich bei dieser Frage nicht lange aufhalten. Das muntere Gluckern der Quelle zog mich wie magisch an, und erneut musste ich meine Augen auf das fantastische Gebilde richten, das unweit von mir unbeirrt sein Wasser verschenkte.

Ich musste wohl einen ziemlich hilflos fragenden Ausdruck in meinen Zügen gehabt haben, denn ich hörte Elsa mit einem Mal sagen: „Nun gut, dann lieber der Reihe nach. Dann werde ich zunächst einmal deine Fragen beantworten. Du hast doch sicherlich Fragen, nicht wahr?" Schnell drehte ich mich wieder ihr zu und nickte. Nachdem ich mich gefasst hatte, sprudelten die Fragen aus mir heraus, wie das Wasser aus der Frauenschuhblüte.

Wieso ich diese Blüte nicht schon beim ersten Mal gesehen hätte, wenn sie doch schon immer da stand, wollte ich wissen. Und weshalb sie mit mir diesen mühevollen Weg durch den Wald gemacht habe? Warum solche Umstände? Was habe das mit Weisheit zu tun? Elsa lächelte und ließ sich gemütlich in die Lehne sinken. Dann hatte sie sogleich wieder ihren durchdringenden Blick auf mich gerichtet.

„Du hast ja die Quelle noch gar nicht richtig angeschaut", gab sie mir mit fast vorwurfsvollem Unterton zu verstehen. Sie stand auf und deutete mit einer fast beiläufigen Bewegung ihrer Rechten an, ich solle ihr folgen. Kurz darauf standen wir beide an der mächtigen Pflanze und blickten in die mit Wasser gefüllte, pantoffelförmige Blüte. „Diese Pflanze ist die Quelle der Weisheit, und das Wasser, das aus ihr entspringt, ist das Wasser der Weisheit", sagte Elsa ehrfürchtig. Sie beugte sie sich über die Blume und sagte: „Du kannst in das Wasser hineinschauen, Wanderer." Auch ich trat nahe an den Frauenschuh heran und blickte über den Blütenrand hinein. Aus der Nähe betrachtet, erschien das Wasser höchst seltsam.

„Geh mit deinen Augen näher hin!", fordert mich Elsa auf. So beugte ich mich noch mehr über die Blüte. Da wurde das Funkeln stärker. In Wirbeln und Spiralen drehten sich alle Farben im Wasser. „Noch näher!" Und da, meine Augen waren vielleicht noch gut eine Handbreit über dem Wasser, hörte das hastige Spiel unvermittelt auf. Die Wasseroberfläche wurde glatt und klar. Sie war zu einem Spiegel geworden.

Staunend sah ich, wie sich auf dem spiegelnden Wasser ein Bild zusammensetzte. Ich sah den Wald, durch den wir gestreift waren, und mitten auf dem Weg den Mückenschwarm, durch den ich mich hindurchlaufen sah. Dann entstand mit einem Mal das Bild der Grotte, und ich erkannte den traurigen Mönch, wie er seinen Blick verloren in die blühenden Blumenbeete richtete. Nicht lange, und der fromme Mann verschwand. Sodann sah ich Elsa, wie sie vor dem hügeligen Horizont stand und mit Tränen in den Augen Fragen an ihn richtete. Kurz darauf wurde auch diese Szene unscharf und löste sich im Farbenwirbel auf. Plötzlich erschien mit einem feurigen Blitzen die grausige

Fratze des Waldteufels aus der Tiefe des Wassers. Gierig fixierte sie mich, als wolle sie mich jeden Moment verschlingen. Dann kamen von der Seite hellblaue Glitzer und Funken, die sich über das grässliche Gesicht legten, bis es verschwand. Dafür sah ich den blauen Kristall auf den Steinen stehen, und über ihm eine große goldene Sonne, die ihre Strahlen durch ihn hindurchleuchten ließ. Bald wandelten die Flecken ihre Farbe in ein herbstliches Gelbbraun. Sie wurden zu Kastanienblättern, die hin- und hertanzten. Ich meinte, sie fröhlich lachen zu hören. Jedoch, auch diese gingen so schnell, wie sie gekommen waren. Und dann blickte ich regungslos in mein eigenes Gesicht. Es spiegelte sich klar und deutlich in einem türkisgrünen Wasser.

„Was ist für dich Weisheit?" Elsa, die die ganze Zeit schweigend neben mir gestanden war, stellte ihre Frage von vorhin nochmals. Fast wie gelähmt sah ich in das Wasser, in das sich das Abbild meines Gesichtes gelegt hatte und konnte kein Wort sagen. Es waren wohl Minuten, die ich so dastand. Irgendwann riss ich den Kopf hoch und schaute Elsa ins Gesicht. Als hätte ich ihre Frage überhört, stellte ich erneut Fragen an sie. Fragte, ob das, was ich im Wald erlebt und eben im Wasser gesehen hatte, etwas mit Weisheit zu tun habe. Elsa ließ ihre Augenlider sinken und nickte. Dann nahm sie mich wieder am Arm und führte mich zurück zum Tisch.

Ich setzte mich, während Elsa einen Becher aus dem Schrank holte, mit ihm zur Orchidee ging und ihn in das Wasser tauchte. Den gefüllten Becher stellte sie vor mich auf den Tisch. „Ja, Wanderer, das hat etwas mit Weisheit zu tun, mit deiner persönlichen Weisheit", sagte sie und setzte sich. „Und nun trink." Langsam hob ich den Becher zum Mund.

Das Wasser schmeckte angenehm kühl und prickelte eigenartig auf der Zunge. Ich nahm zuerst bloß einen kleinen Schluck, nippte fast nur an dem tönernen Trinkgefäß. „Trink nur zügig aus", hielt mich Elsa an und fügte leicht grinsend hinzu: „Das ist kein Zaubertrank, nur einfaches Wasser. Dir fällt nun nicht der große Schleier vom Auge."

Als ich ausgetrunken hatte, stellte ich den Becher in die Mitte des Tisches. Mir war wirklich nicht anders zumute als zuvor. Aber ich hatte begonnen, das Geschehene mit anderen Augen zu sehen. Nun war Elsa an der Reihe. Sie begann leise zu sprechen, und erklärte mir, was es mit all dem Erlebten auf sich hatte.

„Es muss dir manches auf unserer Reise ziemlich seltsam vorgekommen sein. Jedes Geschehen kann eine Blüte oder auch eine Frucht am Baum deiner Weisheit sein, vorausgesetzt, du hast alles mit den Augen des Herzens und der Seele aufgenommen. Manchmal waren es aufregende Dinge, denen wir begegnet sind, manchmal Alltägliches, manchmal Nachdenkliches. Ich habe dich vorhin zweimal gefragt, was für dich Weisheit bedeutet. Nun stelle ich dir die Frage ein drittes Mal."

Wieder sah mich Elsa mit mildem, aber bestimmtem Blick an. Ich wusste, jetzt war eine Antwort von mir gefordert. Sie würde nicht eher weiterreden, bis ich geantwortet hätte. Nach einer langen Pause begann ich zögernd, Worte für meine Empfindungen und Gedanken zu finden. Weisheit, so begann ich mit stockender Stimme, sei für mich wohl das, was ich aus den Begebenheiten entlang meines Weges lerne. Jede Begegnung, alle Geschehnisse auf meinem Lebensweg, so sagte ich, könnten mich weiser machen und seien sie noch so klein und scheinbar unbedeutend. Entscheidend sei aber, sie mit den Augen der Seele wahrzunehmen. Weisheit besäßen allerdings nicht nur die Erleuchteten. Jeder Mensch könne weise werden, wenn er sich dem großen Licht zuneige, es in sich aufnehme und es für die anderen Menschen hindurchleuchten lasse. Da nickte Elsa und lächelte. Dann fügte ich noch hinzu, dass man das Licht für die ganze Welt durchleuchten lassen solle, für die Tiere, die Pflanzen, das Wasser, die Meere und die Lüfte. Elsa sah mich ergriffen an. Dann legte sie ihre Hände auf die meinen. „Ich danke dir", sagte sie und schloss die Augen. Das tat auch ich. So saßen wir da, uns zugewandt die Hände haltend, während die Quelle der Weisheit im leisen Plätschern des Wassers ihre Melodie dazu sang.

Abschied

Eine herrliche Morgensonne warf ihre Strahlen in Elsas Hütte und wärmte sie angenehm. Wir saßen an dem Tischchen und schwiegen. Es war alles gesagt. Unentwegt gluckerte die Quelle vor sich hin. Da erinnerte ich mich an das, was Elsa sagte, ehe wir die Reise antraten.

„Ja, du wolltest wissen, wie man sich als Degriesch fühlt." Meine Gedanken waren für Elsa – wie immer – ein offenes Buch. „Jetzt bist du ein solcher geworden. Du hast den Degrieschenwald durchwandert, dein Seelenauge geöffnet, die Quelle der Weisheit erkannt und aus ihr getrunken. So wie du dich nun fühlst, so fühlt sich ein Degriesch." Gut, entgegnete ich sogleich, was aber müssten dann all jene Menschen tun, die nach ihrer eigenen Weisheit suchten? Müssten sie alle hierherkommen und mit ihr die Reise machen?

„Aber wieso denn? Der Degrieschenwald lag eben gerade auf deinem Weg. Deshalb wurde es eine Reise durch den Degrieschenwald. Jeder Mensch kann irgendwann erkennen, dass sein Lebensweg durch einen Wald führt, den er durchwandern muss. In jedem Wald sprudelt eine solche Quelle. Und wenn jener Mensch es will, kann diese zur

Quelle der Weisheit für ihn werden, seiner eigenen Weisheit. Ist es nicht völlig gleichgültig, welchen Namen ein solcher Wald trägt?"

Kaum hatte Elsa ausgesprochen, da stand sie schon auf. „So, Wanderer, ich glaube, jetzt wird es Zeit für uns." Sie ging hinüber zur Tür, neben der die zwei leeren Körbe standen. „Ich muss wieder nach den Hagebutten sehen, und du wirst deinen Weg fortsetzen wollen, nicht wahr?" Auch ich stand auf. Inzwischen hatte Elsa die Tür geöffnet und war nach draußen gegangen. Als ich schon in der Tür stand, drehte ich mich nochmals um und sah hinüber zum schönen Frauenschuh und seiner prächtigen, wassersprudelnden Blüte. Sie stand im vollen Sonnenlicht, das durchs Fenster hineinflutete und sie in ihrer unbeschreiblichen Schönheit erstrahlen ließ. Mir war, als atmeten meine Augen dieses erhabene Bild in sich ein, um es ganz fest in meiner Erinnerung einzuprägen.

Draußen wartete Elsa auf mich. Unter ihrem lockigen Haar strahlten mich ihre lebhaft leuchtenden Augen an. Ich trat zu ihr und wusste, dass nun das Abschiednehmen gekommen war.

„Hier nun trennen sich unsere Wege", sagte sie leise, aber keineswegs wehmütig. Sie streckte mir ihre Hand entgegen. „Gehab dich wohl!" Ich ergriff die Hand zaghaft und suchte nach Worten, wie ich mich für diese Reise hätte bedanken können. Doch Elsa lächelte nur. Ehe ich etwas sagen konnte, begann sie leise zu singen. Es war das Lied, das sie beim blauen Kristall gesungen hatte:

Sein Licht, durch mich,
es sei für dich.
Wenn Glück ist dein,
so ist's auch mein.

Schließlich drehte sie sich um und ging auf dem schmalen Weg in den Wald hinein. Kurz bevor sie zwischen den Tannen verschwand, drehte sie sich nochmals um. „Geh deinen Weg, Wanderer!", rief sie mir zu. „Geh ihn immer mit offenen Seelenaugen." Sie hob die Hand zu einem flüchtigen Winken. „Und: Geh ihn immer lächelnd." Dann verschwand sie im dunklen Grün des Waldes.

Der Weg geht weiter

Ja, liebe Leserinnen und Leser, das war meine Begegnung mit Elsa, jener seltsamen Frau, die in einer Hütte im Degrieschenwald wohnte. Ich weiß nicht, was ihr von all dem haltet. Ich habe die Geschichte so erzählt, wie ich sie erleben durfte. Wo, wann und wie ist gleichgültig. Denen sie etwas zu sagen hatte, denen hat sie es gesagt.

Ich fühlte mich in meinem Inneren verwandelt. Es ging eine geraume Zeit, bis ich meine Gedanken wieder der Wirklichkeit um mich herum widmen konnte. Und ich wurde mir bewusst, dass ich nun ganz alleine in diesem Wald stand. Früher wäre mir in solch einer Situation sogleich der ungute Gedanke gekommen, wie ich hier nur wieder herausfinden würde. In jenem Augenblick aber, da ich eigentlich gar nicht wusste, wohin ich gehen sollte, war ich von einem tiefen Glücksgefühl erfüllt. Alle Ängste und Befürchtungen waren verflogen. Und so setzte ich einfach einen Fuß vor den anderen, ging ohne nachzudenken drauflos, hinein in den Wald. Den Wald, der nun Teil meiner selbst geworden war.

Ich ging und ging. Die Sonne begleitete mich und blinzelte freundlich zwischen den Tannenspitzen hindurch. Einmal drängte es mich, stehenzubleiben und zurückzuschauen. Erstaunt sah ich, wie sich entlang des Weges, den ich gegangen war, viele gelbe Frauenschuhblüten geöffnet hatten und beidseits den Pfad säumten. Blühender Frauenschuh, jetzt im Herbst? Meine Frage war müßig. Wenn etwas Wertvolles aufblühen soll, dann gibt es dafür keine Jahreszeit. Tief bewegt ging ich weiter. Dann hörte der Wald abrupt auf. Der Weg mündete in eine lichte Weite

Unsere Erde wird nicht in den Abgrund stürzen.
Wenn die bösen Geister sie an die Klippe getrieben
haben, werden ihr Flügel wachsen.

von Feldern und Wiesen. Kaum war ich aus dem Schatten der mir lieb gewordenen Bäume herausgetreten, drehte ich mich nochmals um. Die unzähligen Frauenschuhblumen mit ihren leuchtenden Blüten ließen den Wegrand hell erstrahlen. In den Wipfeln jubelten die Vögel.

Ich setzte meinen Weg fort und lenkte die Schritte dem nahen Städtchen zu, das vor mir lag. Sein grüner Kirchturm ragte wie ein Wegweiser über die leergebrochenen Felder. Als ich seine Mauern erreichte, blieb ich auf der Brücke stehen, die über den Fluss führte, der an der kleinen Stadt vorbeifloss. An seinem Ufer spielten Kinder. Sie tanzten fröhlich um einen Hagebuttenstrauch, der voll mit gelbroten Früchten behangen war. Dabei sangen sie ein fröhliches Lied. Eines der Mädchen, die dort spielten, schaute zu mir hinüber. Seine Augen kamen mir seltsam bekannt vor. Bevor es den Blick wieder abwendete, lächelte es. Es war ein Lächeln, das ich gut kannte.

Ein letztes Mal blickte ich zurück auf den Weg, den ich gegangen war. Dann durchschritt ich das Tor und mischte mich in der breiten Marktstraße unter die Leute. Es war ein so herrlicher Oktobertag.

Nachtrag

Noch eines, ehe ihr geht: Es mag sein, die Welt verändert sich bald grundlegend. Schwere und dunkle Wolken hängen schon über der Landschaft. Die Vögel in den Wäldern singen leiser, bisweilen trauriger. Die Blumen tragen weniger Blüten und schenken euch nur noch wenige Samen. Die Lüfte werden hitziger, ebenso euer Gemüt. Und immer mehr Seelen sind verwirrt, wissen nicht mehr, was sie noch glauben sollen und trauen niemandem mehr. Die Welt wandelt sich in einen bedrohlichen Wirbel, der sich immer schneller dreht. Ihr wisst, wovon ich spreche. Das alles macht Angst.

Ich möchte euch einen Rat geben: Hütet euch vor den Waldteufeln von heute. Das sind jene geifernden Geschichtenerzähler, die nun wie eine Horde apokalyptischer Reiter über die Lande jagen und in jeden Winkel eurer Häuser und Seelen eindringen. Ihre Geschichten sind auf dem Webstuhl der Lüge und des Hasses gefertigt worden. Sie wollen euch weismachen, dass nicht das Herz, sondern die Ellbogen die wichtigsten Werkzeuge im Leben sind. Habsucht und Hochmut halten sie hoch. Gute Menschen jedoch sind für sie schwache Menschen, über die sie hämisch lachen können. Damit wollen sie euch verwirren und einen Keil treiben in eure Seelen, Familien und Gemeinschaften. Schon haben sie ihr Gift über die ganze Welt verteilt. Und wir alle müssen mit Schrecken erkennen: Es beginnt zu wirken.

Viele von euch sind erschüttert, manche verlieren ihre letzte Orientierung. Ist das Ende nahe? Geht jetzt alles unter? Nochmals: Folgt nicht den Geschichtenerzählern der Finsternis. Geht nicht mit ihnen mit, lasst euch nicht anstecken. Sonst droht ihr selbst in den zerstörerischen Strudel hineingezogen zu werden. Es scheint, jene haben nun die Zügel fest in der Hand und lenken unsere großartige, wunderschöne und einzigartige Erde dem Abgrund zu.

Auch wenn es nicht so aussieht: Sie wird nicht fallen. Wenn die bösen Geister sie an die Klippe getrieben haben, werden ihr Flügel wachsen. Sie wird sich in die Lüfte erheben und die Wolken werden ihr eine neue Heimat bauen. Die Teuflischen in ihrer Raserei aber werden im Feuerstrudel, den sie heraufbeschworen haben, untergehen. Oder sie fliehen zum Mond oder zum Mars, im Wahn, dort, wo nichts blüht, nichts grünt, nichts singt, nichts duftet und nichts liebt, eine bessere Welt erschaffen zu können. Lasst sie ziehen und wartet geduldig, bis die Samen der letzten Blumen zu keimen beginnen und die letzte Amsel ihr Morgenlied beginnt. Sie werden nicht lange alleine bleiben. Nicht die Blume, nicht der Vogel und nicht ihr.

Wieder solch eine fantastische Geschichte, werdet ihr sagen. Ja, warum nicht. Aber bedenkt: Sie hat noch gar nicht richtig begonnen. Wenn der Erde einmal Flügel wachsen sollen, dann müsst ihr heute, hier und jetzt damit beginnen, „Flügelsamen" in die Welt zu säen. Warum streut denn das Böse Lügengeschichten über das Land? Das Böse weiß, dass in Geschichten die Macht liegt, Wirklichkeiten zu erschaffen. Wenn ihr das auch wisst, dann wird euch klar, was nun zu tun ist.

Es ist nicht die Zeit für Resignation. Schafft euch Räume, die immun sind gegen ihr Gift. Setzt euch zusammen und erzählt einander viele kleine, aber gute Geschichten. Immer wieder und immer wieder neu. Nutzt dazu eine Fähigkeit, die nur ihr habt, und die euch keine Maschine stehlen kann: die humanitäre Intelligenz. Arbeitet an einer neuen, großen Erzählung für eine gute Zeit danach. Vielleicht bei einem Glas Butzenwein und einem Stück Birnenweck.

Und wenn ihr dabei ein leises Plätschern im Raum vernehmt, dann wisst ihr woher es kommt und wer unsichtbar mit euch am Tische sitzt.

Aus Elsas Bücherschrank

Aldinger, Marco:
Geschichten für die kleine Erleuchtung, Freiburg i.Br., 2002

Bach, Richard:
Die Möwe Jonathan, Berlin, 1995

Bambaren, Sergio:
Ein Weihnachtsmärchen, München, 2003

Bencsik, Attila:
 ... die Landschaft ändert sich mit jedem Schritt - Phantasiereisen zu neuen Lebensperspektiven, Zürich, 1999

Bordt, Michael:
Was in Krisen zählt - Wie Leben gelingen kann, München, 2013

Breithaupt, Fritz:
Das narrative Gehirn - Was unsere Neuronen erzählen, Berlin, 2023

Buhner, Stephen Harrod:
Die verborgene Weisheit der Natur - Unsere Welt verstehen mit der Intelligenz des Herzens, Xanten, 2022

Clerc, Oliver:
Innen stark und außen ganz weich - Was uns die Weisheit der Natur über das Leben lehrt, München, 2009

de Saint-Exupery, Antoine:
Der kleine Prinz, Düsseldorf, 2003

El Ouassil, Samira / Karig, Friedemann:
Erzählende Affen - Mythen, Lügen, Utopien, Berlin, 2021

Eurich, Claus:
Über den eigenen Schatten springen, Vom Ego in die Liebe zum Leben, Petersberg, 2015

Fritschi, Hans-Josef:
Khalil Gibrans Prophet 1923/2023, neu erzählt für unsere Zeit im Umbruch, Norderstedt, 2023

Fromm, Erich:
Authentisch leben, Freiburg i.Br., 2000

Gibran, Khalil:
Geist und Erde, ausgewählte Texte neu erzählt, Norderstedt, 2018

Hensler, Wilhelm:
Psalm der Erde (Schwarzwald-Poesie), Bühl, 1953

Karimi, Ahmad Milad (Hrsg.):
Rumi – Du wurdest mit Flügeln geboren, Ostfildern, 2024

Krishnamurti, Jiddu:
Was machst du aus deinem Leben? München, 2021

Kauschke, Mike:
Im Gespräch mit der Lebendigen Welt, Palma de Mallorca, 2024

Le Guin, Ursula K.:
Am Anfang war der Beutel, Klein Jasedow, 2023

Leitner, Felizitas:
Die Venus streikt - Gesund durch die Kraft der Poesie, Münster, 2009

Lindner, David:
Für Träumer und Liebende - Den wahren Helden unserer Zeit, Schönau, 2002

Lukas, Elisabeth:
Heilungsgeschichten - Wie Logotherapie Menschen hilft, Freiburg i.Br., 1998

Rabhi, Pierre:
Manifest für Mensch und Erde, Berlin, 2018

Siefer, Werner:
Der Erzählinstinkt – Warum das Gehirn in Geschichten denkt, München, 2015

Tegetthoff, Folke:
Kräutermärchen, München, 2005

Weber, Andreas:
Lebendigkeit – eine erotische Ökologie, München, 2014

*HANS-JOSEF FRITSCHI (geb. 1958)
ist Fachautor, Dozent für Gesund-
heitsbildung und Heilpraktiker.
Seit einiger Zeit greift er seine Lei-
denschaft aus früheren Jahren
wieder auf, Texte und Geschichten zu Lebensweisheit, Lebens-
sinn und persönlicher Krisenbe-
wältigung zu verfassen. Neben an-
derem zählt dazu auch eine Neuin-
terpretation der Werke des liba-
nesisch-amerikanischen Poeten
Khalil Gibran.*

www.degriesch.de